2005 人人为公司做贡献,公司为人人谋福利
2006 站出来,就有机会
2007 有钱"转"才能有"钱"赚
2008 少数人的眼界决定多数人的世界

所做非琐思
——管理上的家常话

王亚非 ◎ 著

努力是成功的注脚,2009 不努力是失败的根由
2010 战略决定成败,产业成就主业
每天都要烧开水冒泡泡 2011 有激情、在状态、想干事、干成事
2012 只为成功想办法,不为困难找借口
理想是个境界,现实是个环境,有境界追求才能改变环境
有理想就有吃苦努力的目标和毅力,就会工作执着

有信仰才会有大气象
高管必须首先优秀
2013 我的岗位我负责,我的岗位请放心

人民出版社

有梦想，遥远就不远
有情怀，未来就会来

目 录

004　**写在前面**

改革即转变观念　发展即挑战自我

002　观念一变天地宽
008　改革是一场革命
012　创新，就是出路；创新，就是未来
021　星巴克不仅仅是咖啡
029　精神比什么都重要
034　向成熟卓越的企业迈进
039　文化产业就是经济搭台，文化唱戏

战略决定成败　产业成就主业

048　战略决定成败
053　产业成就主业
057　专业有品位，行业有地位
061　做强主业才有核心竞争力
066　做大产业才能跨越发展
070　有钱"转"才会有钱"赚"
078　全球都在起跑线
089　沿着旧地图，找不到新大陆
096　羊毛出在狗身上
102　经贸中有文化，文化中有经贸

做企业要像企业　力争做个好企业

- 118　企业管理是分分秒秒的事
- 124　少数人的眼界决定多数人的世界
- 130　杀鸡要用牛刀
- 137　我们唯一能改变的只是我们自己
- 149　文化企业需要"妈妈式"管理
- 153　做让员工开心的事
- 157　从身边小事做起
- 165　每天都要烧开水冒泡泡

人人都是人才　人人都可以成才

- 180　人才定、天下定
- 186　做财富，不要做包袱
- 199　干什么就要钻什么
- 208　要给平台，也要给舞台、给灯光和音响
- 222　是金子，就要自己闪光
- 233　青年人才是看得见的未来和希望

梦想在前方　我们在路上

- 242　2008年新年献辞：新年，说句心里话
- 244　2009年新年献辞：新年，时代告诉我们
- 247　2010年新年献辞：新年，多一点理想
- 250　2011年新年献辞：新年，静心想……
- 253　2012年新年献辞：新年，我有一个梦想……
- 256　2013年新年献辞：新年，心路

写在前面

《所做非琐思——管理上的家常话》是继《一个总裁的微思考》、《非名言，微思考》之后推出的第三本书。本书以文化产业发展为背景、文化单位转企改制为线索，讲述一个企业人置身文化体制改革大潮的所做、所思、所感，并在此基础上进行的引申和悟道。希望通过反思自己的产业实践，总结出一些并非琐碎的理论思考。虽是"断章取义"的评说，却并不是零碎的简单的思考，其实质是对"战略决定成败、产业成就主业"经营理念的解构与诠释，对"做强主业、做大产业"发展思路的回顾与总结、展望与引导。

对做企业的人来说，管理是家常话，也是一个常说常新的话。不管从事什么行业、什么产业，都离不开发展、创新、平台、人才这些管理上的基本元素，把实践中的体会用家常话的形式来说说，也是一种放松式的探讨研究。

2005年，我从最开放的外经贸行业转身来到相对传统封闭的出版行业，从注重一线打拼、以生意论成败的国际经贸战线，来到相对"虚空"、以文章论天下的文化单位，经历了"政府—企业—再政府—再企业"的职业生涯，经过了从宏观、政策、管理到微观、业务、经营的视角转换。这种职业身份的改变和工作视角的转换，使我的思路、观念、思维和眼界不断进行着新的体验，进而获得很多感悟，并逐渐得以积淀。因此，形成了关于企业管理的基本理念，即要做事、会做事、做成事，其核心是：在政府部门，只要做事就是合格的公务员；而在企业，只有做成事才会是合格的业务员。

30年的从业经历，做了很多，说了很多，想了很多，如何理清思路、把握话题切入点呢？答案是明确的。改革是"一切推翻重来"的尝试与践行，是从彻底颠覆传统思维开始的。转变观念、挑战自我是企业管理的核心内容，是引领改革、贯穿创新发展全过程的一条主线；战略是企业的命脉，是发展的主导因素、成败关键；管理艺术是企业稳步健康发展的前提条件，是企业的前（钱）途保障；人才的发现、培养和使用，是市场竞争的决定力量。

有鉴于此，本书按照"转变观念、战略选择、管理艺术、新型人才观"这四条主线引出全部话题。这些话题的素材，大多来自会议讲话、日常交流、工作总结以及对产业实践的思考,编写的时候进行了梳理、归类,使主题相对集中,以便于阅读。由于时间跨度较大,有些提法现在看来显得过时,但出于尊重历史、尊重实践的考虑,仅对文字错讹进行了校订,没有做全面删减。

改革、创新、战略、操作、人才是企业经营的永恒主题。对不同行业乃至企业来说,管理应该都有相通之处;基于个别企业实践的理论概括和探索,往往对其他企业也有一定的参考意义。比如,把产业发展趋势放到"全球起跑线上"去掂量,把发展文化软实力与经济硬实力放到"经济全球化、区域集团化、政治多极化"的大背景下去考察,就已经不是某个行业的话题,而是全社会都必须重视的问题,更是很多企业迟早都要面对和回答的时代课题。

温故知新,鉴往知来。走不完的闯新创新路,拉不完的管理家常话。产业改革没有终点、发展没有终点,企业管理的家常话题必将不断扩大,立意必将更加深远!

在这里,我想和我的同事们说:回顾使人明智,盘点曾经的收获,清点当年的举措,梳理既往的思路,会使我们警醒自身的不足,防范不测的失误,坚定眼下的脚步,明确今后的去处。思路决定出路,发展的思路确定之后,实干就是决定因素。

在这里,我还想和产业同仁们说:风起于青萍之末,文化产业改革发展进入了新的阶段,发展无旧路可循、无现成模式可搬,只有不断摸索、探讨、完善。拿出这本"话册"好比抛砖引玉,以期引起大家对企业改革的广泛热议、深入研究,共同迎来产业发展百"话"齐放、百"家"争鸣的满园春色。

2013 年 5 月

改革
　　即转变观念
发展
　　即挑战自我

Thought·Awareness

观念一变天地宽

任何事,观念决定选择,选择决定道路,道路决定成败;转变观念是成败关键。出版体制改革没有旧路可循,没有成熟的模式可搬,每一步都是对旧思想、旧体制的突破,每一步都是改革和创造,每一步都离不开观念转变的引导和支持,每一步都要挑战自我、突破自我、实现超我。

转变观念是文化产业发展的前提

解放思想、更新观念是发展文化产业的首要条件和重要前提。长期的计划经济体制,使得文化与经济、文化与商品、文化与市场严重分离,更多注重文化的意识形态作用,忽视经济功能,"叫好不叫座"现象屡见不鲜;更多关注文化的积累使命,忽视市场规律,"闭门造车"现象时常出现。文化单位跟不上时代,跟不上市场,跟不上技术。随着国际文化产业和我国市场经济的发展,这些文化发展观念和模式,日益不相适应,甚或成为发展的巨大阻力。因此,文化产业只有切实转变观念,才能跟上形势发展的要求。

改革需要不断转变观念,发展需要始终挑战自我

转变观念与挑战自我是文化产业、企业改革发展的时代命题。转变观念其实是追求一种与时俱进、又好又快发展的企业发展观。转变观念就是要打破"等、靠、要"的思维定势,摒弃小富即安、小康出版的保守思想,转变自娱自乐、孤芳自赏的出版情结;摒弃

清议高论、有想法没办法、有看法没方法的浮华作风。就是要树立市场意识和企业理念，按市场规律办事，按现代企业制度办事，做企业要像企业，力争做个好企业；树立以人为本、人才第一的观念，强调人人都是人才，人人都可以成才，建立人才发掘、培养、使用、提高的盘活机制，形成"人人为企业做贡献，企业为人人谋福利"的企业文化，使员工与市场同成长、与企业共进步。就是要树立科学发展观，实事求是，量力而行，以企业长远发展利益为主，而不盲目追求速度、数字、规模、形象工程、表面轰轰烈烈而实际毫无意义的形式主义；以业绩说话，以成就说话，以发展说话，要求员工工作中有激情、在状态，想干事、会干事、干成事，倡导"只为成功想办法，不为困难找借口"的做事理念。

观念决定立场，立场决定思路，思路决定态度

观念是先导，观念比能力重要，思路比努力重要。观念决定立场，立场决定思路，思路决定态度。作为文化企业，只有更新观念，解放思想，放下传统包袱，树立市场意识、拼搏意识、绩效意识，才能有大发展、大进步。

思路决定出路

当前阻碍文化企业发展的最大障碍，仍然是思想观念问题。要大力推进文化企业跨越发展，必须进一步解放思想，转变观念。解放思想不是空喊口号，而是要贯穿到实际工作的各个环节。要从思想深处破除不合时宜的陈旧观念，改变因循守旧、故步自封、满足现状、小富即安的僵化意识，克服骄傲自满、不求上进、得过且过的不良倾向，树立发展为上、创新为本、实干兴业的思想观念，不断研究新情况、解决新问题，勇于变革，敢为人先，只要有利于文化企业又好又快发展的，就大胆地试，大胆地闯，大胆地做。

观念比能力重要，思路比努力重要

常话说：眼光比能力重要，选择比努力重要。而我们文化企业还是要讲：观念比能力重要，思路比努力重要。转变观念就是解放思想。观念态度也是生产力。一切靠自己，企业靠运作，"只为成功想办法，不为失败找借口""没有干不成的事，只有不想干的事"。要转变普遍存在的文化是虚、经济是实的观念，要认识到文化产业并非只是纸上谈兵、隔靴搔痒，文化要虚事实做、真做。文化企业要务实，不要浮躁，带好队伍，树好风气。国有与民营、文化人与经济人观念的分水岭就在于：有看法与有办法，干事与干成事，讲困难与想办法，等靠与进取。做公务员，只要干事就是好干部，做企业必须干成事，否则就是荒废时间、浪费资源。

企业转制的核心是观念转变

转企改制是文化体制改革的核心，这个核心的核心是革除与市场经济不相适应的观念和行为，形成符合市场经济发展要求的观念和行为，从而自觉按照市场经济规律办事。在改制过程中，我们深刻认识到：改革最大的困难不是政策、不是体制、不是机制，而是思想观念和对待改革的态度——企业内部普遍存在的抵触情绪。因此，转变观念是转企开局的实质内容，是平稳改制的关键所在，是改革成功的基础，是一切发展的动力。我们明确提出：不能把具体问题和困难推向社会，要以发展为主，以转变观念为主，具体矛盾要在发展中解决，企业要平稳过渡；改制不是制造矛盾、制造冲突、制造退步，而是制造和谐、制造稳定、制造发展。

先改观念，后改身份

文化企业改革的主基调是先改观念，后改身份。改革涉及员工的切身利益，具体措施要慎之又慎。开拓市场我们会当排头兵，但在调整员工利益问题上我们绝对不盲目，给大家妥善的办法，解决大家的后顾之忧，为大家的发展前途做出保障。当然，首先要做的是按照转企改制的文件精神，建章立制。

思想观念是个总开关

思想决定视界，视界决定选择；观念决定思路，思路决定出路。视野是否开阔，是否看清发展大势，思路是否具有前瞻性，反映了从业人员是否真正居安思危，是否应变、善变，是否可以找到出路，最终决定着企业的生死存亡。

解放思想即转变观念

要破除与市场发展不相适应的生产观念、经营理念，积极主动转向市场经营，积极主动随产业内外宏观环境、市场环境、企业自身力量的变化而做相应的调整。出版单位作为"计划经济体制的最后一块堡垒"，受益于国家计划经济管理体制，长期以来得到国家政策保护，长期和市场经济体制相脱离。转企改制要秉承"做企业要像企业，争取做个好企业"的企业理念，主动研究政策，研究变化，研究发展前沿及其市场机遇，研究对策，寻找成功的路径；要面向市场组织生产经营，积极主动拓展市场、参与市场竞争；要"只为成功想办法，不为失败找借口"，千方百计实现目标；要克服"有想法没办法，有看法没方法"的清谈高论，以业绩说话，用成绩证明。

改变有想法没办法、有看法没方法的作风

要从思想上改变文化产业是虚的、经济工作是实的这种认识，真正把文化虚事实做。改变自娱自乐、孤芳自赏的封闭性出版情结，改变清议高论，有想法没办法、有看法没方法的浮华作风。追求一种与时俱进、又好又快的企业发展观，以市场说话，以数字说话。敢于向市场要规模，要效应，按市场经济规律运行，按现代企业制

度办事，按好企业的标准经营。

转变观念塑造企业精神

转变观念就是突出强调破旧立新，激情创业，就是要从自我做起，打破"等、靠、要"的惰性思维定势，摒弃小富即安、小康出版的保守思想，转变英雄只提当年勇、老戏老唱、老唱老戏的退化思维；提倡以业绩说话、以能力说话、以发展说话，要求员工"有激情，在状态""只为成功想办法，不为困难找借口"，激励领导班子和员工勇挑重担，塑造员工精神面貌和企业共同价值观，使全体员工形成共识：做企业要像企业，力争做个好企业。

发展如逆水行舟，不进则退

目标要大，目标决定规划，目标决定品牌，目标决定发展速度，目标决定企业未来。发展如逆水行舟，不进则退；增长是硬任务，不增长就会落后，不增长就没办法竞争，不增长就没办法生存。要排除杂音、排除干扰，把握大势、认清自我，想尽一切办法确保增长，千万不要辜负群众的希望、社会的希望和国家的希望。

挑战自我引发创业激情

跨越发展的第一步，首先要敢于不断挑战自我，革自己的命。我们鼓励员工勇于挖掘自我潜力，引发创业爆发力，提倡"没有干不成的事，只有不想干的事"的行为意志，鼓励大家要多想事，想到就议，议了就干。发动大家敢想，鼓励大家苦干，帮助大家会干。

发展即挑战自我

挑战自我就是要敢于挖掘自我潜力，就是要遇事不讲难，不简单地说"不行"，而是要想办法把"不行"变成"行"；就是要有"没有干不成的事，只有不想干的事"的行为意志、"只为成功想办法，不为失败找借口"的成功精神。不敢挑战自我，动辄说"不行"的人，就是无作为的人，这样的人就会误了改革机会，误了发展机会。

解放思想即挑战自我极限

要突破自我发展的"瓶颈"，克服发展中的各种束缚与障碍。只有敢于挑战自我、善于挑战自我，才能不断实现成功，实现跨越发展。转变观念不是不求实际，创新不是漫无边际，发展必须有途可遵，有路可循。只有实事求是的发展，才是实实在在的发展，才是可持续发展、科学发展。

用专业的精神做专业的产品

文化企业要改变卡拉OK式的自娱自乐、自我封闭，与经济社会断裂，说什么只有自己知道，说什么外面不知道；文化企业要力争出精品，讲求"术业有专攻"，专业人用专业的态度、专业的精神，做专业的产品。面对非专业的业务，只要专心，用专业的精神去运作，往往也会有非常专业、非常道的效果。

千羊在望，不如一兔在手

十个想法不如一个做法，"千羊在望，不如一兔在手"。"人人都想拯救世界，却没人帮妈妈洗碗"，这说明，好高骛远、清议高论，是很多人的思想误区。说什么都行，做什么都一般；评说他人头头是道，自己去做无从下手。这样的人对企业有百害而无一利。讲思路要有抓手，要落实到行动上，具体到载体、方案和人身上，先做起来，做了再说，做了就能发现问题，不做就永远不知道好坏。做起来就会不断完善，边做边摸索，在摸索中前进。只要迈出第一步，不管怎么走，往哪儿走，都会发现一个新世界。

改革是一场革命

要转换身份，事业人变成企业人，打破"铁饭碗"，真正推起来不易；要实行全员聘用、竞争上岗、同工同酬、能上能下、能进能出，真正做起来很难。在一般人看来，转企改制，肯定有很多热闹的"故事"。然而，安徽出版集团的转企改制，并没有所谓的惊天动地的"故事"，而是在润物细无声中完成了各项改革。这种润物无声式的改革，靠的是什么？靠的是思想到位、政策到位、工作到位。

改革重点是创新体制机制

通过体制机制和观念的转变，使大家追求一种与时俱进、又好又快的企业发展观，以市场说话，以数字说话，改变即兴高论、有想法没办法、有看法没方法的工作作风。敢于向市场要规模、要效益，按市场经济规律运行，按现代企业制度办事，按好企业的标准经营。

改革、创新是发展的主要动力

"十一五"是中国文化产业大发展、大跨越的5年，如果用两个词来概括这5年文化产业发展的特征，那就是"改革、创新"。是"改革"，解放和发展了文化产业生产力，激发了产业的活力和竞争力；是"创新"，抢占了文化产业发展的制高点和主动权，产生了各种新的文化产品和新的传播手段。

改革即解放生产力

没有文化体制改革，就没有文化产业发展，改革是推动发展最重要的力量；改革的步步深化，为发展提供了持续不断的动力；改革不仅要打破旧体制，解放生产力，更要建立新机制，创造生产力。一句话，解放生产力就是改革的目的与行为准则。

不能穿新鞋走老路

体制改革为机制转换奠定了基础，机制必须跟着求新、求变、求活，而不能穿新鞋走老路。党的"十八大"后，文化产业发展任务更重，只有挖掘动力、激发活力，才能创造环境、创造条件、创造平台，以产生更多创新优秀产品，让更多的人享受精神教育和娱乐。如果说党的"十八大"前10年的发展主要靠体制拉动，那么下一阶段必须靠机制推动，靠产业主体创新管理、开发、运营、盈利、保障等微观机制，在解放生产力的基础上，发展生产力，实现爆发式突破和增长。

文化产业必将成为改革的主力军

文化产业的活力是推动文化建设的核心动力，产业活则文化新，产业兴则文化强。没有文化产业的深度改革，文化的大发展大繁荣就失去活力、失去载体。文化体制改革的难点在文化产业，关节点在文化产业，重点也应该放在文化产业。

改革就要用新机制创造生产力

在后改革时代，出版产业对政策的最大需求，就是要靠政策破除旧的束缚、建立新的规范、创造新的活力。新一轮深化文化体制改革，必将进入深水区，进入出版产业的深层领域。未来的出版产业将进一步打破各种政策限制、地域壁垒，开放性、竞争性、平等性将成为主要特征，专业化、合作化、规范化将成为发展常态，出版产业任何要素，都能够在一个开放的产业平台上，寻求最有可能和最大可能的发展机会。

改革必须创造全新的产业机制

体制改革后，如不创新机制，只能是穿新鞋走老路、拿油瓶学打醋而已。深化文化体制改革，就是由破而立，进一步创造全新的、面向市场的产业机制，从习惯"等、靠、要"政策资源，转向主动"谋、抓、闯"市场与社会资源，大纵深突破单纯行业观念，从行业向产业拓展，从文化、经济、科技和社会发展中挖掘更新、更活、更深的动力，搭乘文化振兴、经济转型、高新技术应用、城市化、消费增长、出口结构升级等多驾马车，推动产业更大、经济贡献率更高。

改革必须建立真正的市场主体

文化体制改革，就是打破原来的计划经济体制，打破原来的事业的编制，建立真正的市场主体。所谓市场主体，就是把事业单位转变为企业，能够在市场上生存，能够像企业一样自主经营、自负盈亏、自我发展。由于文化体制的改革，产生了文化企业，因为有了文化企业就有了文化产业，有了文化产业，便会有文化繁荣。

转变机制有三个要务

首先，转变用人机制。企业提倡的用人理念有三：一是重表现、重业绩，有激情、有能力；二是树正气，鼓干劲，顾大局，忍辱负重，有团队精神；三是克己奉公，有职业道德。其次，建立激励机制。强力推行绩效管理，突出岗位考核，分配向一线、向有贡献的员工倾斜。以创造精品为特色的品牌经营方式，使员工始终保持一种危机感和进取心。第三，建立保障机制。改制必然涉及员工利益的调整，必须做过细的思想工作，提高政策透明度，积极稳妥推进，切实保障员工权利与利益，坚持原则，有情操作，实行老人老办法、新人新办法。

改企就应像个企业

转企改制，只能产生动力，不能产生矛盾，产生动力就是转变观念，能干事并干成事。改制后的企业是不是面向市场的企业，就是能不能、是不是按企业经营与考核方式、用人机制来办事，假如改制前后变化不大，尤其是观念变化不大，还是原先的"等、靠、要"，讲资历，有钱也不知道投资什么，那就失败了。改制后企业就应像个企业，力争做个好企业；改制就要主抓机制，有利于激活动力就是好机制。

做企业要力争成为一个好企业

转企改制之后，原先的事业单位成为自主经营、自负盈亏、自我发展、自我约束的企业法人，改制后要像个企业，并力争成为一个好企业。要继续深化以劳动、人事和分配三项制度为核心的内部改革，实施"能者上、平者让、庸者下"的用人机制，把业绩考核作为确定经营者薪酬标准和职务任免的重要依据，健全"岗位凭业绩，收入看贡献"的分配制度，培育面向市场的"扫楼"精神，促进企业增收创效。

创新，就是出路；创新，就是未来

创新，出思路、出人才、出效益，创新无所不在，创新没有止境。创新与突破是企业的永恒主题。创新是思路、是观念；突破是行动、是成果。突破重在创意，而创意引领文化、开发资源、吸引资本、聚集人才。没有创意，就没有文化产业的繁荣发展。

文化改革的灵魂是文化创新

加强文化软实力建设，是最大的创新。在市场经济体制下，企业是市场的主体，是市场竞争的主要参与者，是市场变革的推动者。大力发展文化产业，需要有一大批自主经营、自负盈亏的独立企业实体，通过积极竞争来激发传统文化企业的能力、活力、实力、竞争力和创新力，推动传统文化企业建立现代企业制度，使之按照市场经济规律运作经营，积极参与市场竞争，真正成为自主经营、自负盈亏、自我发展、自我约束的现代文化企业和经营实体。

创新是文化产业发展的内在动力

文化产业是一项全新的产业，创新是文化产业发展的内在动力，只有创新才能实现文化产业快速发展。动漫创意产业就是一个集中体现文化与科技创新的领域，产业链很长，近年湖南、上海、江苏、浙江等省市动漫产业发展很快，带动效应明显。动力，往往就是有冲动，有新思路。老套套不会有动力。麻木了，就会落入老套套。

创新首先要重塑企业共同价值观

发展文化产业,首要任务是在强化导向意识的基础上,着力创新产业理念,创新企业运营机制,加强观念引导,重塑文化产业市场主体,激发文化产业经营活力,大力倡导"有激情,在状态""只为成功想办法,不为困难找借口""没有干不成的事,只有不想干的事"等市场精神、务实精神、创新精神,重塑员工精神面貌和企业共同价值观,培养员工的竞争意识、合作意识、市场意识,鼓励员工与市场共同成长、与企业共同进步。

创新要"敢为天下先"

不能"敢为天下先"就创不了新,创新就只能流于口号。要不断创新思维、创新理念、创新业态、创新技术、创新方法,不断提升专业水准。文化产品作为精神产品,它呼唤点子,呼唤策划,呼唤创意。创意无止境,文化需求多元而无限。与工业产品的生产和流通不同,每种出版物都有自己独特的内质,有自己的目标读者。它要求我们从业人员具有一双慧眼,敢于去想,主动去发现、去创造、去引导、去提高。它要求我们不断努力、持续求新,要求我们善于保护创意、保护创新,而不是随意否定、轻言放弃、轻易抛弃。只有敢于去想、勇于去做的人,才能打开新局面,才能创造佳绩;只有勇于思考、敢于去闯的人,才能创造自己的舞台,才能有新结果。对出版企业来说,最可怕的是墨守成规,无所作为,不思进取,没有闯劲,不敢想、害怕想,轻易否定新思想、新观念、新技术、新方法。

创新有源头，无止境

企业要发展，创新是重要阶梯。文化产业作为内容创意产业，创新更是生命线。创新出思路，创新出人才，创新出效益，创新就是生产力、竞争力。因此，创新无所不在，创新没有止境。企业是活跃的市场主体，创新与突破是永恒主题。创新是思路，突破是行动，思路和行动要统一起来，最终落到工作上。

创新是产业发展核心

创新即生产力、创造力、竞争力。文化产业发展必须不断深入创新，会创新，真创新，创成新。要在观念创新、体制创新、机制创新、内容创新、形式创新、传播手段创新、业态创新和科技创新等方面进行务实有益探索，大胆尝试，谨慎操作。

创新决定市场前景

在当前市场趋于饱和、竞争日益激烈的情况下，要巩固并扩大市场份额，就要创新观念、创新手段、闯新领域。同质化、一般化的产品，没有竞争力，没有市场前景！市场是公平的，只要你有一点创新，都会获得一份回报。要发展就要首先创新观念，开拓思路，用创新的思维引领企业发展，才能真正去创新、创成新；要发展就要创新内容，把握时代脉搏，拓展市场前景；要发展就要创新产品，使企业发展的资源永不枯竭。创新是开辟市场之源，闯新是企业发展之魂。创新要有智慧，会动脑子；闯新要有胆略，敢于担当，更要无私无畏。

产品创新是产业创新的出发点

创新的出发点是什么？就是整别人未整的、未干的，包括引导趣味、引导消费、引导产业。新型的产品可以培养消费市场，引导消费者由不熟悉到逐渐接受以至于离不开它。只有不断创新，不断推陈出新，才能赢得市场。其实，产品创新是经济学大师中的大师熊彼特早就提出的五种创新类型之一（即产品创新、技术创新、市场创新、资源配置创新、组织创新）。民间也有说法：野路子加野路子，就是新路子，关键在于怎么做。

内容和形式创新是创新的基础

内容和形式紧密相连，无论何种传播媒体，何种题材、体裁的表现形式，都要以新的内容来提升，以新的形式来表现，以新的技术来传播。关键是创新理念，创新方法，创新形式，与时代同步，与现实同步，与需求同步，与市场同步，与技术同步，不断推陈出新。内容创新在于创新表现、创新故事。

抓增长，必须突出创新能力

文化产业是一种创意性产业，最大特点是始终要思考新问题，了解新形势，引导新消费。创新不是空泛的概念，而是文化创意产业每时每刻都要注意的核心问题。创新的落脚点是策划，要靠策划落实理念，靠策划落实细节，靠策划开拓市场，靠富有创意的策划引领消费、引领需求、引领文化潮流。策划并不难，关键是要踏踏实实去做。

企业家应该讲政治、讲大局、讲创新

"讲政治"，不仅是为社会稳定、经济发展做贡献，为社会承担责任，造福人民（员工），也要提升国家的综合实力和文化软实力；"讲大局"，就是会运作，会经营，会做大手笔，会利用政策与市场，会运作团队与舞台；"讲创新"，就是要闯新创新，敢于与别人不同，为社会创新环境。具体到出版企业家，就是最终实现出版使命，出版有生命力的、有创造力的、有社会影响力和文化传承价值的精品好书，满足社会各界健康阅读的需求。

文化产业的四个创新理念

一是以人为本,工作思路创新。既要坚持以人为本的宗旨,又要创新工作思路、发展模式。

二是深化改革,企业体制创新。体制创新的前提是机制创新,现在正在尝试文化产业的体制创新,但是无论体制怎么改革,机制不动,体制无用。并不是改成民营企业就活了,从经济部门改革来讲并不是这样。所谓机制创新,就是要有市场观念,就是要走市场。

三是科学发展,增长方式创新。就是要量力而行,就是要有正确的政绩观,不要盲目追求发展。

四是面向国际,参与国际竞争要创新,这对文化产业来说还是一个艰巨的任务。

出版创新五大工程

"出版内容创新工程"重点是以商业化运作出版产业体,全面挖掘创造内容及生产运作内容,引领整个产业链。在多个出版平台上,对出版内容资源进行全方位、立体式、深层次的开发和加工,形成一种出版资源一次生产、多元拓展、合力经营的格局,实现全媒体互递、互补、互动发展的综合效应。

"出版业态创新工程"重点是建设数据库,着力打造数字出版产业项目。开展动漫原创与培训业务,优化出版业务结构,深度整合各种项目资源。

"文化资源整合创新工程"主要是原创和传播方式销售创新,资本与资源结合,发挥资本促进发展的作用,提升资源升值。以出版主业为基点和抓手,加大与国家部委、科研院所、文联作协等机构及其所在城市合作,适时兼并、收购和重组,发展文化创意、影视制作、新型文化装备制造等关联文化产业。

"文化产品输出创新工程"即通过新设、收购、合作等多种方式在境外兴办文化实体，重点开拓海外市场。积极开展版权输出、文化产品输出、文化装备制造输出等，开拓国际市场。

"多元产业创新发展工程"即围绕主业开展多元化经营，拓展产业发展空间。通过不断融资和多元拓展，力争近年内再打造两至三个创业板块及国际经贸、医药、旅游、动漫板块的上市公司。

现代出版必须守正出新

创新，就是别人想不到的你想到了；别人想到的没有做到，你做到了；别人做到了，你换种方式做，做得更好。我们要看别人没看到的，想别人没想到的，做别人没做到的。现代出版应该"守正出新"。"正"，既可以理解为传统，也可以理解为阵地；"新"就是新思路、新技术、新模式、新业态；就是要在发扬光大传统出版优势的基础上，勇于开拓，敢于创造，善于变通，不断推陈出新。别人都会做，都在做，都已做滥了，你还有什么做头，还要你干什么？数字出版是出版产业创新的必由之路。这条路充满希望，但也到处都有陷阱，要谨慎从事，量力而行，务实前进。

抓创新就要抓理念创新

一本书是否畅销，是否受到读者的认可，除了书的内容质量之外，好的营销理念、好的策划也十分重要。出版社在出书之前，一定要制订周密的营销策划，要在营销手段及理念上创新，要连续跟进，不断寻找市场卖点。不能一本书出版后一个月卖得差不多就没声音了，三个月就下架了。其实，一本书做出来所带来的后续效应是无限的。书的版权可能是三五年，如果这三年五年你没有连续下功夫，五年后你版权没有了，前面做的工作全给别人做"嫁衣"了。

抓创新就要抓合作创新

很多事情，太多的探讨就容易误事。如果有可能，就要先做一步，先做一点，再不断完善。不能在很短时间创造市场的时候，就应该和占有资源方进行"嫁接"合作，也就是资本要和资源合作，资本要和机会合作。一旦发现合作机会，就要牢牢抓住，不要碰到问题就退后一步，就不再多想了。

抓创新就要抓营销创新

我们现在每个出版社在经销上下的功夫都不到位，团队不健全，策划思路也没有走在出书之前。大家对畅销书到底能赚多少钱，畅销书的销售花多少钱，都不是很清楚。营销对于一本书如何赢得市场至关重要，有营销才有成果，有投入才有成果，我们一定要明确自己的定位，要有专业化、特色化，有了投入和营销，再加上有一支能战斗的团队，才能最终取得成功。

设计就是创意

做生意要细心，做文化要细腻；生产靠的是工艺，产品靠的是设计。有设计就有品牌，就能占据行业领先优势，引领发展方向，让别人跟着你走。经贸企业假如没有自己的设计，永远都是一个贴牌公司；出版社如果没有策划创意，只能做来料加工、编辑校对，永远都是一个生产模具。乔布斯的成功在于他的创意，下游或配套企业则把他的创意变成产品。要重视研发设计，提高原始创新、集成创新和消化吸收再创新的能力，打造自主品牌，提升产品和产业附加值。

出版社可设立设计创意部，或者有专人来从事这项工作，来培育品牌。比如，可以尝试与央视或地方卫视合作，拍摄最美乡镇、最美欧洲小镇、最美小岛、最美古街、黄山 100 个古村落，同步推出同名图书；又如，给照片配诗、配文，给经典文艺作品配图、配画；再如，可以把"中国梦"具体化，策划推出中国的名山大川、中国人的普世理念与价值观、中国的国粹、100个普通人的中国梦、中国好人、中国母亲，等等，围绕向世界介绍中国这个主旨，加大"走出去"力度。

有创意，就有生意

别人都会做、都在做，做滥了，我们再去做就没有多大意义。有些传统产品只要稍加变化，就会带来新的商机；有些小产品添加一点创意，就可能成为一个引领潮流的大商品。业务员揽生意时帮客户做一些设计，编辑审稿时给作者提一些修改建议，都能赢得客户、作者满意，甚至获得市场增值效益。

要把创意的理念融入出版物的选题策划、图书设计中，融入经贸产品使用的标志、名称、图像、外观设计中，渗透在包装、宣传、营销等各个环节。我们的经贸企业经营的轻纺、服装、文化用品，要注重设计创意、品牌创新；一些小产品风险小、品牌好，增添一些文化元素，更容易有效果、出成绩。我们的旅游公司可设计独特的旅游产品和旅行线路，讲有意义的故事，用文化吸引人。我们的文化置业公司可通过创意强化商业运作，用文化元素提升地产品位，卖创意、卖环境、卖文化、卖理念、卖与众不同的感觉。

好的创意要志在必得，志在必行

只要是为公司着想，集团都支持；只要有利于集团的发展，我们都鼓励。对认准的好创意、好点子要坚定信心，坚定不移地争取各种条件和资源付诸行动。世界上的事都是干出来的。不干，你永远也不知道事情是否可行，创意能否成功。很多决策、很多创意在开始的时候往往只有百分之三十是正确的，但是，在干的过程中，通过努力工作、精心操作、适时调整、有效运作，往往能取得最后的成功。希望集团所有人谈事情、看事情，都要从自己身边的事做起。小的创意可以改变大世界，文化产业尤其需要更多创意。集团和股份公司极力鼓励青年员工去创意、去创造。

出版社需要绣娘，更需要设计师

做文化，要注重设计与策划，特别是设计与经营相结合。有这样一个故事：有几个人，聘请四五十个苏州的绣娘做刺绣。绣娘们就按照他们提供的图片和设计方案，做刺绣，比如，绣郎世宁的《百骏图》。他们要是买一幅郎世宁的《百骏图》，要花多少钱？他们请十个绣娘绣一年，顶多只要花几十万元；假如再拿去拍卖，能赚多少钱？他们通过设计、策划，挖掘非物质文化遗产的潜在价值；运用新的经营理念，开发各种艺术项目、创意产品。

做版贸就是做文化，做文化就要立体策划。出版社要有一个设计部，专门设计创新选题、设计宣传营销、设计国际合作与交流。设计、创意是出版社核心的资源。阅读功能改变是设计，内容呈现方式转换也是设计，信息重新组合更是设计。全世界的图书都是一个融合消化的过程，罗密欧与朱丽叶的故事，与中国的《西厢记》放在一起对比，并做一些解说，把相对的这些图片做一种解释，也是很有看头的。不见得封面要多漂亮，材质要多好，对这些，老外都不太看重。国外的书形式都很简单，没有多少艺术包装，但内容很丰富，文化底蕴深厚。

星巴克不仅仅是咖啡

企业要靠经济效益说话。企业不是简单地做产品，出版企业更不是简单地做书，就如同"星巴克不仅仅是咖啡""赵本山不仅仅是二人转"一样。书的最大弱点是难有叠加效应，许多畅销书"各领风骚三五月"，不会长久受人关注，不能形成品牌。如果企业把所有力量都集中在纸质图书上，不仅难以维持小康生活，更难以实现大发展。

出版行业不差前（钱）途

从国家发展战略转型来看，没哪个行业比出版行业更有前（钱）途。这个行业，有其他行业不具备的"不担心"：精神食粮、内容产业，不担心环保、节能和季节性问题；文化强国、百年大计，国家只会鼓励，不担心国家调控问题；一书一价、书出价定，不担心反倾销问题；文化交流、赏心悦目，不担心国际摩擦问题。我们就靠一张嘴、两条腿、有脑子的人；成本就是办公室、电脑、网络，就是培养人。只要编辑具备了五项特长，即第一是有眼光，第二是有阅历，第三是有交际能力，第四是有立体出版的概念和技能，第五是有资源，出版企业就永远有饭吃。这个行业操作层面大多是格式化的，人才容易成熟，容易吸收高精尖人才；行业的性价比高，具有成长性、长远性。

突破出版边界

产业链是生产制造、交付产品、提供服务的组合。谁整合产业链的能力强，谁就赢得优势。产业发展要有"故事"，有内容，在产业链上有衍生品。

成熟的企业不是简单做产品，而是做长产业链，做宽产业面。企业每个环节都要生出产业元素，形成产业链条。文化产业快速发展，不仅要激活原有文化内容，更应创新文化产业经营主体的经营模式。集团层面重在资本运营和产业经营扩张，发挥主业催化剂、新业态新媒体孵化器、人才蓄水池作用，突破出版边界，围绕大文化产业发展，利用资本掌控资源、资产，实现出版产业和其他产业的有效嫁接，打造文化产业品牌。上市公司立足出版市场，开发出版新业态、新方式、新型出版产品，突出内容创作和运作，重点整合主业发展资源，构筑全媒体出版产业链，打造出版行业品牌。实践证明，我们要注重战略规划，注重产业，促进主业，使主业发展更有保障、后劲、空间，彰显主业社会影响力和经济贡献力。

现代出版的立体化趋势

阅读，不只是阅读图书，数字出版把出版产业推进到了立体化发展阶段，发展特征是以内容为核心，通过各种载体向整个文化领域不断扩散。因此，现代出版无非要做两件事：一是内容的技术升级，就是把阅读内容加以改造，转换成可以延伸到影视、动漫、微博等形式的立体信息；把图书内容碎片化、时尚化、趣味化，进入3G阅读。二是打造能够吸引、聚集人才，能够积累、储备、传播内容资源的平台，为现代出版的立体化积聚能量。

当然，阅读内容的技术升级和立体化衍生都需要一个过程，例如，把图书全部转换成数字内容，实现数字出版平台的阅读增值，不可能一夜之间完成。这个行业最大的能力和强项就是一点点积累内容，逐渐形成数据库、数据包；需要时可以不断拆分整合，变成向各种载体延伸的阅读元素。

产业资源要最大化利用

要在资源挖掘上做文章，把版权进行多重嫁接、组合，既要有故事，也会编故事，集中编、分开编、反复编，编成各种载体。比如，经典影视作品翻拍，就是重新讲故事、换种方式讲故事。要以在校大学生和文艺青年为主体，组建影视剧改编和创作中心，进行剧本创作，再由专业人员进行提炼、加工、完善。剧本成熟后再到版权市场上交易，以版权进行投资，寻求合作、拍摄影视剧。

要在出版内涵上下功夫。围绕"少儿""美术""科技"内涵，向出版深度进军。推进少儿培训机构的兼并重组，布局少儿食品用品市场，打造以少儿出版为主体，包括少儿产品、少儿培训、幼儿园在内的少儿出版集团。大力开拓家庭装饰品、工艺美术品生产销售，打进收藏品、艺术品拍卖和典当市场，开展艺术投资业务，吸引、凝聚、培养艺术大师。要以医药和摄影为突破口，为患者提供医疗信息和技术服务，与摄影协会互动，办培训班，放大科技出版影响力和产业面。

要在产业上下游寻求突破。做立体出版，每个环节都要生出产业元素，形成产业链条。要发挥教材出版的人脉优势，进入教学设备、文化仪器贸易领域；培训是教材的立体延伸，应向公务员、企事业单位、国家职业资格认定考试方向发展。围绕古籍出版，在上游投资宣纸生产企业，在下游建立一条古籍印装生产线，形成完整的产业链。

现代出版就是两件事：做内容、做平台

做内容，是把社会积累和积淀的文化，通过改造与创新，变成能承载在出版物上，或能延伸到影视、动漫、微博等立体出版载体上的阅读信息；做平台，则是在线上和线下打造能够不断集聚文化

资源（包括人才资源）、累积与传输内容、互动交流信息的园地。

出版社不缺内容，关键是要善于聚集、积累、改造和创新，并以版权占有为目的，为新业态的快速发展，准备丰富充足、可持续多元应用的内容资源。"三屏合一"为内容的衍生阅读创造了绝好的机会，一套内容出来，在多个载体上都能用，电信能用、IPTV能用、手机能用，尤其是手机彩铃，一旦打破地域限制，实现全国接口，进入阅读或音乐基地，前景十分可观。还有，图书内容碎片化、时尚化、趣味化、及时化、个性化，传到手机、iPad上，提供便携式阅读，既有直接收费效益，也可以做广告。做APP也不是简单上iPhone，可以进入幼儿园互动，与玩具商、教育培训机构联手。

做平台就是运作。线下，可以在文化发达地区建立出版基地，充分利用当地的人才优势和内容信息占有优势；线上，可以建立类似"脸谱"的社交网站，就话题进行讨论，设定题目，中英文互动，慢慢融入图片、文字、3G的内容，网页技术就是3.0的，每天可以滚动，新的内容可以进入APP里互动，成为交互的、3G的，后续可进入期刊，进入报业连载，出版图书，也可在网站阅读。即使不赚钱，也拥有了一个巨大的数据库，数据库就是版权、就是钱，时时刻刻可以从里面掘金。

资源是出版产业发展的聚宝盆

资源是出版产业发展的前提和基础。资源要会利用，更要会整合。出版企业要整合作者、内容和渠道资源，找大师，傍"大款"，走正道，培育核心竞争力。出版、印刷、发行环节要互相支持，减少利润输出，共同谋求发展。要对60年来出版的图书和作者进行梳理，了解掌握多少版权，并进行评估，对掌控的版权资源进行立体开发。不一定每本书都要是自己原创，通过合作占有资源，做成功后也是自己的品牌。

出版企业要整合电子商务资源。电子商务费用少，风险小，不受地域限制，在经济社会生活中的地位和作用已经初步显现，必将上升成为国家战略。网站的价值在于资源积累，可借此宣传企业形象、发布产品信息，推动线上与线下、主业与产业互动融合。

"读万卷书、行万里路"也是对出版产业发展的一种形象表达。"读万卷书"是指出版人自己要读书，出版书给别人读；"行万里路"是强调要有产业面。要在读书和走路过程中，整合出一个完整的产业链。关键是怎么整合、谁来整合、什么时候整合，要有落脚点和路线图。希望大家出题目，都来做作业。

现代出版能够"一女八嫁"

出版社不是专门做书的，是做产业的。科技越发达，出版产业的发展前景越好；数字出版给出版产业带来众多载体，蕴涵着无限商机。任何一种载体都是内容的工具，人人都需要内容，大家都说"好女不二嫁"，但好的内容可以"一女八嫁"。出版社可以不断积累内容，文化馆、博物馆、档案馆、电影馆、资料馆，都是出版社最宝贵的资源库；也可以广泛占有产业资源，其上游，涉及纸浆、物流、文化产品贸易、印刷；其下游，涉及多渠道发行、物流等产业。版权是内容资源的核心，包括纸质出版物版权、电子版权、动漫版权、影视版权。做内容就是讲故事，可以无限延伸，关键在于如何看待内容储备和阅读的无限放射，如何与立体出版嫁接，如何利用线上和线下的平台，吸引、积聚、积累和传输内容资源。

做平台，要重视地域性因素

打造吸引作者人才、积累内容资源的平台，不能忽视地域性的影响。文化人都喜欢北上、南下，是因为北京和上海是文化、学术研究与交流的中心，集聚着中国最高端的科研院所、学府人才以及历史文博等资源。出版企业可以以这两地为中心，向周边辐射，建立各种出版文化、文化产品、文化贸易发行的渠道；可以开展数字出版、影视嫁接等内容立体化运作。北京重点在作者资源、内容资源、高端出版、高端资源的利用；上海以文化贸易、数字硬件产品（包括艺术品）的开发为主。上海外高桥保税区是中国唯一的文化贸易服务平台，可以在那里建立"关外境内"的保税展馆，使国外的很多书展都能到国内来办，同时带动文化艺术品、文化产品的销售，等等。

第三只眼睛看 Kindle

用户固然可以通过无线网络，使用亚马逊 Kindle 购买、下载和阅读电子书、报纸、杂志、博客及其他电子媒体。但这种阅读方式在中国还不现实：首先，版权贸易比较难，很少有作者只满足于网上写书，大多会寻求线下出版，因为图书凝聚着作者的心血，其厚重感、荣誉感、成就感，是网络出版难以企及的。另外，不说流量收费会影响下载率，版权对于国外出版机构就是问题，没有出版资质就得不到版权，即便放开，阅读是无限的，只要我们有内容积淀，就无法被取代。比如，我们有 60 年以来的签约版权，网上有很多我们的作者，有很多我们的数字出版内容，目前真正转到纸质出版的并不多。在内容和阅读上我们有选择权，作为出版社，拥有优秀编辑和内容积淀就不用担心，有内容版权就有所有权、主动权。

出版社也是作者的衣食父母

在传统出版时代，人们普遍认为，出版社一方面培养了很多优秀的作者，一方面也依赖作者而生存而发展，作者是出版社的衣食父母。进入数字出版时代，随着阅读内容的立体化扩散，我们要说，出版社也是作者的衣食父母，出版社与作者共成长。出版社买下作品的全部版权，会下功夫加工，把作品内容进行技术升级，做成能立体化衍生的阅读信息，作品因此而不会沉寂，价值只会进一步扩大化、多样化，使作者的钱袋子、成就感、影响面、声誉度最大化。

比如，一部卖得很好的图书，出版社把内容碎片化、时尚化、趣味化，进入 3G 阅读；把内容改编成剧本，拍成电影电视；或者放到阅读互动平台上，作者何乐而不愿意？作者都明白，除了做书的人，没人愿意下功夫做这个，这是两厢情愿的事。从这个意义上说，出版社及早与数字技术开发商合作，在抢占内容技术升级先发优势的同时，也有利于吸引、聚积优秀内容资源。

政府采购二三思

图书的销售有 B2C、B2B、B2G（对政府）等渠道，全世界文化产业都是政府采购占大头，比如农家书屋、送文化下乡、学生教育用书、电子书包、国家图书馆。我国的图书馆建设还很有限，国家在这方面的投入还不足，但文化传承需要文物与图书，需要发挥出版产业的传承功能，这就是 B2G 的功能，是国家、民族的事情。

实际上，政府采购图书的空间是无限的。比如，为台湾的机电电子工会做一部图册，书中评价全国每个城市的生态环境，评价每个城市的投资价值和宜居价值等，后面生意就来了，这样的书价值就在于评价系统。再如，每年 1 月份的法兰克福纺织品展，全世界都去参加，但参展人员首先会排队买一本图册，上面有当年最流行的 100 种图案，你不看，做出来的产品就没人要，所以人人都买，都参照这本画册订购；用户一般知道的就这 100 种。因此，这本书价钱即使贵些，人们也买。这种书就不是数字版的，在特定的环境下，纸质书的价值是数字书所无法取代的。数字出版越发达，图书越有市场，政府采购越有空间，只是卖法不一样而已。

出版、影视各有千秋

从人们的文化欣赏心理来看，出版物侧重感觉效果，影视剧侧重视觉效果，两者直接面对受众时，电影和电视更直观，娱乐效果更好。从发展实力看，出版产业的内容运作能力和空间，应该比影视产业更大。阅读消费是持续平稳的，国家、地方乃至家庭都会大力促进，如果关注增长曲线的话，会发觉出版是一条比较平稳的上升曲线，发展的耐力和成长性都比较强。影视消费是"快餐消费"、团体消费，消费者可以获得直观印象乃至亲身体验，但影视难以有效实现文化积淀；影视产业的效益是阶段性的，此消彼长、起伏不定，产业发展曲线呈波浪形。

现代社会，图书资源的积累与影视作品的创作结伴而行，书而优则影，影而优则书。一部优秀图书往往能够催生一部出色的影视剧本；一部影视的热播必然会掀起一波图书出版的热潮，出版与影视互动，已然成为文化市场一道亮丽的风景。总之，文化消费是中国未来经济的热点，也是经济的重要支撑，出版、影视各有天地，各有千秋。

出版企业进军影视的微思考

出版企业进军影视，早期可以做两件事：一是把切入点放在编剧，把图书转化为剧本，而对于投资拍摄影视，不必牵扯太多精力、花费太大功夫。我们集团在这方面试水、热身，效果比较好，与上戏、中戏合作，成效明显。二是产业银行的概念，作为投资合作方，参与好的片子，或者购买他的原始版权。假如这部影视，电视台播完了还没付钱，制作公司熬不到开拍第二个片子，我们就可以收购播放权、买断债权，比如按一定比例付款，然后再跟电视台洽谈，这也是一种投资；以后再改编、再分拆，就算是我们的内容了，这样经营运作风险就比较小。

▎精神比什么都重要

没有滚烫的动力就没有滚烫的能力。滚烫，是事业成功的保证，是团队胜利的支撑。要用滚烫的心，做滚烫的事业，创滚烫的业绩。

永葆昂扬向上的精神很重要，成功的道理千万条，失败的道理都一样，就是没有积极向上的精神。一个企业的精神状态决定了这个企业的发展，卓越企业的差异化竞争力就在于精神强、观念强、执行力强，拼命上、不放松、不放弃。

没有干不成的事，只有不愿干的事

必须抓住机会做成事。没有干不成的事，只有不愿干的事情。"不想干"比"不会干"更可怕。所以要有积极主动的精神，抓住一切现实商机，找到新的增长点；有机会就绝不放弃，一旦抓住就必须做成。只要抓得好、抓得紧，抓得快、抓得细、抓得实，就一定能够做成。要做就要志在必得，要做就必须优秀、必须卓越，否则就选择退出。

有进路、没退路，留退路、是绝路

没有规模、业绩和实力，就没有市场份额；没有市场份额就没有发言权、没有影响力、没有资源的集聚。不发展就会被淘汰，曾经的光荣也将不复存在。没有一个人愿意在窝窝囊囊的企业工作，没有一个人不想在斗志昂扬的团队做事。要树立只能前进不能后退的观念，心往一处想，劲往一处使，树更高目标，下更大气力，付出更多努力，在前进的道路上，走得更稳更快更好。

要有攻坚克难、战胜困难的必胜信念

创业难，守成难，知难不难。困难是客观存在的，但困难不能决定一切，只要想发展，一定会或多或少碰到一些困难，但总不能让困难成为影响前进的理由。市场是无情的，任何关于困难的借口和解释，都是自我安慰，是精神麻醉，在市场面前都苍白无力。发展就像"吹泡泡"，只能往上吹，不能往下吹。对困难要时时心中有数，抓紧研究对策，积极设法化解。实践表明，只要是想做的事，下真功夫，就没有克服不了的困难。只要善始善终，必定善做善成。

从手边小事做起抓落实

要从讲大话、讲空话、讲理念，向做成小事、做细杂事、做好最简单的事转变，小事天天做不出错就是成绩。事实上企业经营无小事，细节决定成败，每件事情都是大事。一定要天天盘算手头有什么事，明天将会发生什么事，及时完成，早做打算。

有能力，才有作为

观念转变后提高技能是关键，技能是决定性因素，不仅要"有激情，在状态"，更要"有能力，有作为"。除了出版专业所必需的一般基本功外，还要会策划，能营销。

由"不行"到"行"

自己要有思路，别人才有思路，有思路还要有动作。惰性就在自己身上，不要讲难处，讲客观，市场永远都不会好到哪里去，矛盾永远都会或多或少存在。现在讲成绩是为了树信心，讲问题是为

了找出路。成绩要讲，但也不要怕讲问题，也不能只提问题，提出问题后还要有方案，有落实，有效果。讲"不行"最简单，由"不行"到"行"最艰难。不要天天出题目，让别人做作业。自己的难题自己明白，自己解决。

不能有任何借口

必须树立战胜困难的信心，信心永远都要存在，一个企业如果没有信心，就等于没有生命、没有灵魂。保增长、求发展不能有任何借口推诿，更不要拿金融危机当借口。市场时刻都有危机，何况出版根本就没有受到影响，反而有很多机遇，比如内容更多了、纸张降价了、读书的人多了，等等。如果说存在危机，这种危机不是外在市场危机，而是我们内在的信仰危机、信心危机。如果没有战胜困难的信心，没有自我挑战的信仰，不相信自己的能力，不努力克服困难，而是怕困难、找借口、没想法、没办法，注定要失败。

精于谋事，勤于做事

俗话说：成事在天，谋事在人。做任何事，精心谋划很重要，能否落实很关键，富有成效是目的。因此，必须形成精于谋事、勤于做事、势在必得的进取精神、工作机制和良好氛围。凡事多问几个为什么，多研究方案，多关注过程，多分析结果，多总结得失。我们需要一种抱负远大的精神，需要一种吃苦耐劳的精神，需要一种奋力拼搏的精神，还需要一种稳扎稳打的务实作风，不要空谈、不要清议，每一件事情都要有记录，每一件事情都要有结果。只要大家志存高远、齐心协力、忘我工作、不断跨越，我们的产业就会又好又快发展，我们的事业就会蒸蒸日上！

市场无难事，只怕有心人

市场空间是无限的，只有不想做的事，没有不能做的事。譬如，一家企业在"天猫网"里面开一个网店，不能做吗？能做！只是怎么做的问题。你从哪里进货？选什么货人家才愿意买？所以关键是怎么把握市场的问题，而不是有没有市场的问题。同理，我们的出版社、报社，如果善于把内容资源通过"分拆、组合"，嫁接到新的载体上，变成新的产品，形成新的产业链，就开拓了新的市场空间。关键是要会策划、会搭配、会运作。端午节我在外面吃饭，粽子出来了，90元钱一小竹篮子，包装很漂亮，但只有3个咸鸭蛋、3个粽子。你说吃饭的时候想送人礼品，送什么呢？还是买了两篮送人了。这个商家就会把握市场，就是市场的有心人。

市场开拓要学习"扫楼精神"

竞争是进步的源泉和动力。有了竞争意识，才能完全发挥潜能。文化产业的市场秩序还有待进一步规范和完善，不能怨天尤人，把时间和机会在埋怨与等待中丢掉了。要坚持市场导向，走到市场前沿，走进客户中间，满足、引领和创造市场需求。

编辑要学习推销员的"扫楼精神"，把自己彻底推向市场，走进作者和读者，走别人没走过的路。对一切有效的做法、有益的模式，都要先学习、后超越，培育专业和细分市场，增强核心竞争力。忽视"扫楼"，后果就是被市场忽悠。"扫楼精神"就是做成生意的精神，营销就是要把潜在的目标客户全跑到、扫一遍。要下功夫扫，认真扫、反复扫，不扫成功不罢休；不能蜻蜓点水，"雨过地皮湿"。终端是一张网，流通企业的价值就在网上，拥有终端就不愁不被上游重视。

身在市场,要学会"烧香"买进来、"磕头"卖出去

企业要保持又好又快发展势头,就一定要做到四点:目标要大,意志要强,工作要细,管理要严。员工要成就一番业绩,必须彻底转变观念,做到心态不浮躁,工作不懈怠,业绩争上游。成功,只有一个理由:努力;失败,也只有一个理由:不努力。做生意,不能先想困难、先想做不成的理由,方法总比问题多,做每件事都要想好几种面对问题的方法、解决问题的办法。

文化人往往不愿意求人,往往不知道怎样求人。企业每个员工,都应该放下架子、扑下身子,学会"烧香"买进来、"磕头"卖出去的市场竞争基本功。做生意就要求人,"烧香""磕头"就是求人,市场现实就是如此。

向成熟卓越的企业迈进

我们离文化很近,但离文化复兴的路很远;离产业很近,但离我们的梦想很远。我们的梦想始终不渝,就是向成熟卓越企业迈进。所谓成熟,就是有自己的发展理念、管理模式、经营团队、企业文化;所谓卓越,就是积极向上、始终创新、不断变革、追求一流。成熟的企业,就是没有噪音,一门心思向既定目标迈进。

品牌是企业走向成熟卓越的标志

企业向成熟卓越迈进,必须注重内涵式发展,增强内生动力;必须注重品牌建设。品牌就是社会影响力,就是企业的核心竞争力。人人关系品牌,事事影响品牌。要把品牌建设纳入各单位日常工作和规范管理之中,渗透到员工的举手投足和一言一行,体现在每一本书、每一次活动和每一个项目上。

出版业是有内涵有生命力的产业

出版事业是几代人的事业,出版产业是有内涵的文化产业、有生命力的朝阳产业,不是轻而易举就能做好的,需要相当的文化素养。要做有内涵的文化产业,首先自己真正要有内涵,真正要有文化,真正要有创造品牌的能力,真正要有创造品牌的力量。也许文化市场竞争将比一般的市场竞争更激烈,因为它需要内涵,需要社会责任。在经济社会里,需要社会责任,强调社会责任,这就是我们文化产业的特殊性。出版业不仅要追求经济利润的最大化，更要追求社会效益的最大化。要能够承担起社会与文化脊梁的作用，承担起传承中华优秀民族文化、传播世界先进文化的作用。

文化产业双重属性指的是"担当"

任何产业都有双重属性，如何理解文化产业社会效益与经济效益的双重属性？文化企业的社会效益除了导向外，还应包括企业文化的继承、队伍的培养、人员的稳定、员工收入的保障以及产业的繁荣等。要有担当的社会责任、市场规范、行为准则、国家利益、职业操守。良好的社会环境是第一生产力，稳定才能发展。社会效益离不开经济效益的支撑和保障，社会更稳定，发展更前进，文化价值只有在市场的传递中才能实现。

产业发展要有足够的空间

要学会总结、宣传、造势，向客户和公众描述企业的前景，讲述企业的故事，讲生动、可信、有吸引力、有价值、政府和社会感兴趣的故事，阐述企业的价值，让别人看到企业有美好的前景和未来。要有适当的后退空间。投资和利润都要留有回旋余地，推进企业"波浪式前进、螺旋式上升"，不能绷得太紧。要有延伸的空间。出版只是模具和工序，做出版必须"羊毛出在狗身上"。要在主营业务和优势板块上延伸，开发衍生品，向产业上下游拓展，提供多种深度增值服务，用多种方式营销，把产业链上的价值做到极致。

主动向市场要效益、要生存

由于改革带来很多考验，如成本、稳定、能力问题等，因此要想生存，首先要转变"等、靠、要"观念，主动向市场要效益、要生存，提高员工收入，稳定队伍，维护退休职工利益。只有生存问题解决了，不为工资、福利、待遇发愁，才能有时间和精力去潜心做产业，去创新。适应改革、主动改革，就是要跟上国家产业政策、政府宏观战略，跟上市场步伐，增强市场意识、市场经营能力，学习新知识、了解新形势。

市场决定企业成败

没有市场就没有企业。企业必须了解市场需求，关注市场变化，服务顾客需要，生产适销对路的产品，引导市场消费，提升企业核心竞争力。出版产业要充分利用教材教辅发行优势，重点开拓其他图书市场，针对细分图书市场和区域文化特色，多出有品质、吸引读者的图书，形成自身产品特色、品牌优势、市场引力。要动员一切可以动员的力量、利用一切可以利用的资源、抓住一切可以抓住的机会，积极主动地去开拓市场，找准市场定位，加大市场投入，培养营销队伍，提高开拓能力，切实维护好眼前市场，策划开发好长远市场。反过来，通过市场这个大舞台，激励人才、发现人才、培养人才，创新观念、创新机制、创新产品，发挥人才、创新、市场的整合力，推动企业不断发展壮大。

十年磨一剑，培育核心竞争力

核心竞争力就是能够拿出手、能够玩得转、能够控住局；能够控场、控势、控制。要结合实际，努力在精品图书、签约作者、专业风格、独特板块、营销推广、产业模式、长久的发展方向等方面加快积累，培育核心竞争力。要密切与知名作者合作、要培育专业板块优势、要强化营销推广工作、要培育独特经营模式、要有坚定明晰长久的方向。俗话说"十年磨一剑"，十年即使磨不成一把剑，肯定也能磨成一把小刀。要坚定一个长久的方向，再朝这个方向坚定不移地努力，日积月累，必有所成。

规模和效益要相辅相成

企业要做强，必须靠效益说话；企业要做大，必须靠规模扩张。但发展的终极目标还是追求盈利。当然，具体到各单位，在不同发展阶段，规模、效益和核心竞争力三者之间，只能突出强调某一方面，只能集中力量解决一个问题。要"四两拨千斤"，以小博大，小投入大产出。为了解决做大规模问题，就要拿出部分利润去投入、占领市场，创造规模。为了培育品牌，就要把利润投入在人才、资源、宣传上，着力扩大社会知名度和影响力。

出版集团化的优势

整合出版行业资源，组建出版产业集团，是文化体制改革的需要，是出版产业自身发展的需要。有利于搞活做强文化产业，繁荣发展文化市场；有利于打造文化强国，推进经济社会发展。文化产业发展是经济发展的重要支柱，出版集团化可以为文化产业的发展增添有生力量，进而推动文化产业迅速加入经济大发展，加快市场步伐。

发展是硬道理，干成是硬碰硬道理

发展，是出路、方法、战略问题，是寻求资源、把握机遇、再投入的过程；是企业由小变大、由弱变强、竞争力不断提升、市场面不断扩大、产业链不断延长的过程。从产业中谋发展，产业成就主业。发展是硬道理，干成是硬碰硬道理。企业要由小变大是第一位的，要由弱变强是第二位的。在行业里有声音、有图像，做到行业内有地位，"无你不过年"，才会干成点事，才能有机会、有资源。

产业发展要掌握政策，吃透精神

国家积极鼓励文化产业发展。大凡是国家鼓励和引导的产业就会有资金扶持，资金扶持往往落实到项目。有项目才有钱。有大项目才有大额资金扶持。要树立"大文化、大出版"理念，认真学习国家方针政策，掌握政策，吃透精神，搞好对接，编好项目。谋划项目要在文化与科技、资本、资源结合上下功夫，在多产业融合上做文章，善于无中生有、有中选优、优中选强。

文化产业的科学发展就是产业再造

唯有继续解放思想，实现产业再造，加大文化产业战略投资，才能真正实现科学发展。文化需求无极限，文化市场无限量，关键在于我们的选择。多问自己做什么、如何做、为谁做、为什么做、如何满足目标读者和消费者，等等，带着问题去做，创造新型产业模式，即：从案头走向社会，创意引领，效益保障，资金造血，不断产生动力、产生能力，这样我们就会到达成功的彼岸。

文化产业就是经济搭台，文化唱戏

文化产业必须按市场经济规律办事，立足大文化背景发展，发挥自身优势，自觉融入经济大循环，增强文化产业的社会影响力、经济贡献力和市场辐射力，变"文化搭台，经济唱戏"为"经济搭台，文化唱戏"，形成更多参与方式、运营手段，充分实现文化产业的政治功能、社会功能、文化功能和经济功能。政府部门需转变文化发展观念，出台积极的文化产业发展政策，激发文化产业发展潜力，带动关联产业发展。

文化产业的经济特征

文化产业是国民经济的放射性元素、资源性产业，具有流通产业的某些属性和经济特征：

轻资产。文化企业不像工业企业那样要厂房、要基础设施。企业资产不在大楼，而在大脑，在联系的大师、培养包装的大家。因为轻资产，所以，不能一分钱只干一分钱的事，必须一分钱干一元钱的事，给一个点，就要能画一个圆。

重智力。文化企业产权主要是知识产权，是一种智力创造，取之不完，用之不尽。工业要适应消费需求，而文化产业还具有创造需求的特点，不仅要跟上市场，更要创造和引领市场，走在市场前面。

贵创意。文化产业是典型的创意产业，有创意就能吸金，功夫要下在创意上，钱要投在创意上。这个时代不差钱，而是差故事、缺创意。要借助商业形态，将创意火花与大规模生产嫁接，创造出全新的商业奇迹。

文化产业这三个特征，决定其受经济危机影响不大，国家不调控，无污染，具有无限发展空间。

文化产业下一步的改革动向是机制创新

经过 10 年的体制改革之后，今后的改革将重在机制、布局、人才、创新、融合和"走出去"上实现突破，进一步转换内部经营机制、推进股份制改造、完善法人治理结构，释放积极能量，做强市场主体，打开发展局面。党的"十八大"之前 10 年的发展主要靠体制拉动，那么下一阶段必须靠机制创新推动，靠产业主体创新管理、开发、运营、盈利、保障等一系列系统性与精细化微观机制，在解放生产力的基础上，发展生产力，实现爆发式突破和增长。只改体制，不创新机制，仍然没有活力。

文化企业要推进股份制改造

公司制、股份制改造是过去十几年来国有大中型企业改革的主要方向，今后将会成为国有文化企业集团的改革方向。实施股份制改造，引进战略投资者，实行股权多元化，国家所有者转为公司股东，国家与企业的关系由行政隶属关系变为股东关系，同时其他股东也有发言权，这样就弱化了行政干预，增强了企业的生机和活力。要在集团及所属企业层面，通过重组、参股等方式推进股份制改造，既为企业注入大量资金，也会加快企业经营制度的创新和经营机制的转换。

要建立文化与产业相结合的现代文化企业制度

在企业建构上坚持法人治理结构，在发展战略上坚持主业与产业两手抓相结合，在经营管理上坚持社会效益与经济效益双考核相结合，在发展模式上坚持创意投入与资本和资源投入相结合，在管理上坚持传统文化机制与先进管理理念和工具相结合，在收入分配上坚持劳动与智力、公平与优先相结合。

讲政策就是明确企业市场运作的方向

做企业第一件事是研究国家政策，这是方向，是企业发展的空间。国家鼓励什么或不鼓励什么，这是企业必须首先关注的问题。政策与信息往往也是第一生产力。国家的所有的政策都是根据企业发展需要制定的。研究政策和怎么争取政策是企业经营的第一要务，不懂、不会做，就如没头苍蝇，就会事倍功半。

融资与融合是下一阶段产业发展的总趋势

资本是最有活力的资源，是产业发展的撬动器和发动机。唯有资本活起来、转起来，产业才会大起来、强起来。文化企业将进一步掌握资本运营模式，通过科学运营，让资本发挥最大效益，成为撬动产业发展的重要杠杆。出版产业界将进一步认识到，产业融合与跨地区联合是文化产业摆脱落后局面、实现大发展的迫切要求，也是文化企业做强做大的重要路径。出版产业将进一步向相关文化产业拓展，文化企业将进一步加大相互合作力度，产业体内纵向上下游的业务拓展、产业界内横向跨区域的企业合作，将成为下一步文化产业发展的必然趋势。

精品化、项目化、新媒体、走出去是主业发展的最大取向

出版主业将进一步整合资源、调整结构、突出重点、培育特色，着力抓图书出版创新，向提高质量抓精品、提高效益创品牌转变，专注于提高出版企业的核心竞争力。大项目的重要性越来越凸显，成为积累出版资源、锻炼人才队伍的重要抓手，也是打造品牌、引领发展的重要手段。文化与科技融合成为主业转型升级发展的主动力，成为出版企业竞相施展的产业新领域。加大投入、加大合作成

为文化与科技融合的主要方式，长远谋划、战略布局是这个领域的主要特点。"走出去"发展面临内容、方式的全面升级，参照国际文化贸易模式提升"走出去"能力势在必行。

文化资源将流向强势和经营活跃的企业

资源市场是趋利市场，始终在向利益更高的领域流动。随着出版产业格局的进一步发展和趋于稳定，出版及其相关资源的集中度越来越高，资金、版权、人才、政策等核心资源向强势企业、品牌企业的流速加快，力图利用优势企业的能力，进一步提高资源的利用率、转化率和效益实现率。同时，出版及相关资源开发的广度和深度也越来越强，很多原来不属于出版产业范围的资源，正在受到出版企业重视，或者正在向出版企业聚集，资源的深度开发机制和关联拓展机制，成为出版业发展大文化产业、融入大经济循环的重要机遇。

出版业的动力结构

出版业正在由体制改革和政策驱动走向市场和社会驱动。出版业，无论是在传统计划经济时代还是在转企改制过渡阶段，都是靠政策谋发展的时代。改制最终是要把经营性出版单位全面推向市场，出版企业必须从依靠政策资源的惯性中实现蜕变，更加关注市场和社会，更加专业化。行业是个范围，产业是个领域，是个业态，要突破单纯行业观念，要不断从行业向产业拓展，从文化、经济、科技和社会发展中挖掘更新、更活、更深的动力，搭乘文化振兴、经济转型、高新技术应用、城市化、消费增长、出口结构升级等多驾马车，推动主业更专、产业更大。

出版业的发展模式将是内容加技术、产业加融合

出版业正在由传统出版与新媒体出版冲突、排斥走向融合的多元化时代。传统出版与新媒体出版的观望、对立和排斥，是出版业整体突围、转型的前期征兆。随着技术渗透和内容增值效应的凸显，传统出版将迈开与数字出版融合的大步伐。传统的编辑、出版仅是程序与加工，核心竞争力在于内容为上，资本为先。企业化发展，决定生产模式是以市场为源头，以盈利为纲领，因此，出版业将进入发展创意、多媒体、商业运营、资本运作融合，以商业为模式、盈利为重点、资本升值为目标的多元出版时代。集团化、资本化将更加突出，商业化、国际化将更加突出，进入后改革时代，有更多政策需求，以解决遗留问题。

出版业也要讲国民经济贡献

随着出版的经济贡献度和社会贡献度不断提升，出版人的自我描述和外界对出版的描述都发生了变化：出版人不再囿于言谈必称业界，而是谈对地方甚至国民经济的贡献度，谈出版对解决就业、低碳、社会问题的贡献度；龙头出版企业也不再热衷于自我比较，而是开始与金融、信息等其他产业比较。出版业之外，出版这个概念已频频进入中央和地方政府报告、常务会议，也进入普通百姓的茶余饭后闲聊。

文化产业将是最热闹的行业

现在，在所有产业中，文化产业是最热闹、最能看到机会的产业，很多经济部门也越来越关注并参与文化产业，因为文化产业的发展空间比较大，成长性比较好。我们集团的所有产业，要么在经营上有核心竞争力，要么在资本上能翻天覆地，否则的话，就会丧失发展机会。

文化产业也要三驾马车拉动

消费、投资和出口，是拉动经济增长的三驾马车。经济增长即GDP增加，也就是全部最终产品的市场价值增加。其核算方法之一就是消费、投资和出口三方面支出的总和。因此，消费、投资和出口支出的增加必然拉动经济的增长。文化产业经济发展也需要这三驾马车。文化产业是最有创意的，创新内容，创新载体，创新产品，创新服务，引导消费。文化产出多样，传播多样，互动多样，交叉经济门类多样，可以创造消费链，由一元到多元，一日产出，多日消费，重复消费，提前消费。

文化产业是智力投入为先的产业

文化产业是特殊产业，软实力、轻资产，主要依靠人力资源，依靠大量的创意。文化产业需要时间来培育文化积淀、厚积薄发，一旦形成拳头产品，可以长期重复、立体开发利用，长期受益；文化产业需要做资源储备、技术提升、硬件载体建设、产业链延伸，这些都需要大量投入，仅靠文化企业长期积累是不足以保证的。

文化产业需要加大扶持力度

要培育文化产业骨干企业和战略投资者，即大力培育一批有自主创新能力、有知名品牌、有自主知识产权的文化企业和企业集团。同时，鼓励民营企业积极参与文化产业发展。政府要加大投入，扶持企业市场运作和品牌打造，加大宣传、推荐和引导力度。国内不少著名影视、演艺、出版、旅游等文化产业集团之所以快速发展，都得益于此。

要进一步加大文化产业政府主导型战略的实施力度，各级政府均应加大投入和扶持，加强指导和协调，制定和完善投融资政策，研究出台更多、更具体的文化产业配套政策，加强区域行业分类扶持和指导。统一全国关于文化产业发展与改革的政策法规，以便各地有据可依；提供文化产业资本运营和产权交易的政策指导和信息网络。

文化产业必须加大宣传

要加大对地方文化企业的培育宣传力度。目前，文化产业影响力不强、产业凝聚力不够，要加大对文化企业管理人员经济、市场、法律方面知识的培训，组织他们参与大型经济活动；鼓励和激励解放思想，创造更多产业链。

制定"全面建成小康社会"文化方面的量化标准及发展纲要

明确提出全面建成小康社会文化投入占财政投入的比重，明确全面小康社会文化产业占国内生产总值的比重，明确全面小康社会城乡居民文化消费占消费支出的比重，明确国民综合阅读率、全国图书馆人均藏书量等具体指标，提高全面小康社会全民阅读水平，在文化产业、文化产品、公共文化服务体系建设等方面提出具体目标，有计划、分步骤实施，并列入政府财政预算及政府目标考核体系，进一步引起各级政府对文化发展的重视，从而加大对文化建设的投入。

文化产业要实施股权和期权激励

文化产业是知识性、智力性密集的产业。人在财聚，人走财散。很多时候，一个人就能兴起一个企业，一个团队就能带动一个产业，有能力的人才团队比资本还重要。要高度重视国有文化企业经营管理和技术人才队伍建设，防止其流动到民营和海外文化企业中去，成为国有文化企业的竞争对手。为此，建议国家有关部门尽快制定实施国有文化企业股权和期权激励办法，起到规范和引导作用。对地方文化企业进行试点的积极性，要引导好、保护好，不要简单地

"一刀切"、说不行，要告诉文化企业"什么行、怎样才行"。要引导文化企业积极创造条件，尽早实施股权和期权激励，以此吸引人才、留住人才、激励人才，促进国有文化企业可持续健康发展。

设立"国家读书日"

读书是中华民族的优良传统。耕读传家、知书达礼，曾经是中国人集体形象的写照。但现实生活中，读书风气不浓、读书人在日益减少。一个国家、民族、地区、单位，应该有良好的阅读习惯与风气。一个人陶冶个人情操，提升自身修养，明确人生信仰，培养担当意识和责任感，都要从书中汲取营养；一个民族要提高素质，增强影响力和竞争力，都少不了阅读。只有大家都来读书，才能理解"中国梦"，为"中国梦"而努力，才可能学习践行中国特色社会主义核心价值体系。因此，建议抓紧设立"国家读书日"，通过政府主导、社会倡导、全民参与，开展形式多样、各具特色的活动，引导和动员大家多读书、读好书，打造书香社会，建设书香中国。

设立"国家最高文化奖"

文化对于塑造人的心灵、培养民族精神、培育核心价值观具有重要作用。文化大师是时代的标志，代表了他所在时代的文化成就。我们所处的时代，是一个需要大师，并且能够产生大师的时代。参照国家最高科学奖的设立和实施，建议设立"国家最高文化奖"，建立优秀文化人才评价表彰体系，表彰有杰出贡献的文化工作者，造就一批名家大师、民族文化代表人物、有国际影响的文化产业经营领军人物。

战略决定成败
产业成就主业

Thought·Awareness

战略决定成败

战略是企业的方向，是发展的引导因素。战略必须有前瞻性、宏观性、科学性、实践性，既要高瞻远瞩，又要符合实际。一要突出转变观念、提高能力；二要搭平台、抓资源；三要抓精神、抓创新、抓成效；四要跨媒体、跨地区、跨行业拓展。这就是一系列战略导向性组合。

战略决定成败，产业成就主业

文化产业发展一定要有产业支撑。做企业不能简单做产品，出版企业更不能简单地做书，就如同"星巴克不仅仅是咖啡"和"赵本山不仅仅是二人转"一样。战略决定成败，产业成就主业。产业与主业发展缺一不可，主业不是孤立的，而是产业的一部分，产业发展的根本目的是壮大企业，从而反哺主业，让主业发展更有保障、后劲和空间，让主业潜心做出版，从而出精品。

不谋全局者，不足以谋一域

作为一个地方文化企业，必须立足当地，瞩目全国，放眼世界。做出版，人才、资源、创意主要集中在北京和上海这些大城市，偏安一隅，只能"小富""小康"，自我陶醉，自我欣赏；做产业，必须全球采购、全球生产、全球销售，才能走向世界，实现货通天下。

跳出出版做出版

新形势对出版业提出新要求，要求出版业者必须有新思路、新突破、新发展，对理论和实践进行创新。作为大文化产业重要组成部分的出版产业，应当与文化产业内的其他产业良性互动，实现文化资源的多层次、立体、深度开发和充分利用，以有效满足人民群众的不同需要。新型文化产业不是传统文化内容与形式的重复，而是一种"资源×艺术×智力×科技×商业"的集成型文化创意产业。文化产业的发展，必须以整合激活资源，以智能激活产业，以集成激活效能；必须实现跨地区、跨行业、跨媒体的交叉渗透，把文化的"初级产品"拉长为"精深产品"，促进原有产业的升级再造；通过市场有效运作，实现经济效益倍增。

做强主业，即把主业做精做深，做出品牌，做出特色，做出品位，提高出版集团的核心竞争力。多媒体经营，即跨媒体经营，要围绕出版主业，向影视、动漫、电子、网络等媒体形式扩展，特别是要关注数字等新媒体出版，寻找新的发展点，培育新的核心竞争力。多元化发展，即跨行业经营，首先要围绕出版主业，向上下游延伸和衍生，完善产业链，为主业发展搭建更大平台，寻找更多机会，创造更好环境，以多元经营成果反哺出版主业。

围绕大文化，以多元发展融入经济大循环

出版产业必须将社会与经济元素全面引入，将文化产业的魅力、实力辐射到社会方方面面，并将相关产业投资获得的收益反哺出版主业，形成大文化、大传媒、大产业的发展格局，推动文化产业股权多元化、投资多元化、业态多元化、产业多元化，才能推动产业做强做大，做稳做长。

多元开拓，融入经济大循环

在我国现阶段，出版产业具有巨大的发展潜力和市场可塑性，面对市场化、集团化、国际化、数字化、跨媒体快速发展的出版形势，必须跳出出版看出版，在大文化背景下，实现出版产业和其他产业对接，加速文化产业多元拓展，尽快在整体经济运行中找到有效的产业发展模式和赢利点，迅速融入经济大循环。

出版产业以多元开拓融入经济大循环，必将打破已有的产业边界和发展模式，在一个更大、更广的产业概念和体系上，在一个更加多元、更加互动、更加开放的产业链上，吸引更多的关注，获得产业规划、融资渠道、市场建设、舆论导向、技术研发等方面更有力的支持。

以大项目建设为载体，加快文化与科技融合基地、文化创意研发基地、保健文化产业基地、教育培训开发基地、旅游文化拓展基地等项目的建设，探索文化产业在融合升级过程中的增长点。

面向长远的产业布局战略

聚合前沿产业、高科技、国际合作与地域文化资源，打造"总部经济"，形成主业全国布局。以出版（文化）产业为龙头，向文化置业、文化旅游、经贸物流、股权投资等方面拓展，形成产业区域布局。以境内外、五大洲设点为核心，推动实体、产品、形象和影响力向重点国家与地区拓展，形成"走出去"全球布局。

集团"十二五"发展的基本思路是"四大动作、六大突破"

四大动作：

第一是大投入，即加大出版主业及各类业态拓展。谋划建设印刷物流园、文化创意产业园、数码港、动漫原创制作基地、医药物流配送产业园、出口加工基地和保税加工区等。

第二是大招商，即利用中博会、徽商大会等有利时机，进行版权、发行、经贸、旅游、动漫等一系列招商合作。

第三是大整合,即落实集团各类合作协议,加快整合省内外出版、印刷、发行、影视、教育及新媒体等各类资源。

第四是大发展,即通过创意带动出版项目,带动出版工程,带动出版产业,形成整体效益和综合影响。

六大突破:

内容及业态新突破。把出版内容资源进行多元嫁接,实现内容增值开发。通过商业化运作出版产业体,实现销售业态定制化、超市化、直销化、电子网络化。

资本运作新突破。通过分拆上市、承债式重组、杠杆收购、发行可转换公司债券以及内源融资等资本运作方式,利用资本掌控与主业相关的行业资源,反哺主业。

产业新突破。围绕主业开展产业经营,拓展产业发展空间,比如,加快向各类教育研发、培训、策划及商务领域拓展等。

"走出去"新突破。通过新设、收购、合作等多种方式在境外兴办文化实体。积极开展版权输出、文化产品输出、文化装备制造输出等,开拓国际市场。

文化与科技新突破。以时代出版传媒博士后工作站和上海研究发展中心为基础,瞄准文化产业和高新技术产业研究方向,注重产业转化。开展数字内容传输技术及装备研发、孵化器服务、电子商务等业务。

科学管理新突破。按照现代企业制度和上市公司要求,加强出版物导向管理,规范会计核算、税收筹划、财务管理制度。

格局决定布局,布局决定结局

要把企业发展战略转化为具体的格局思路,进行布局,细化为可操作的重点项目。

在产业布局上,集团从传统出版向数字出版、立体出版、报纸传媒、文化旅游、文化商贸流通、非金融投资、证券参股等领域延伸。一是坚持产业多元发展、专业管理，扩大产业面；二是强化资本运作，把资本转化为可自由退出、效益预期良好的证券资产；三是做强出版主业，从印刷、发行、数字出版、立体出版方面入手，延长上下游产业链。

在空间布局上，集团按照立足安徽、北上首都、东进上海、中居武汉、西下青海、南跨海峡、面向全球的格局思路，进行战略布局。一是全省布局，以合肥为中心，向周边地区延伸；以文化产业为龙头，向文化置业、文化旅游、经贸物流、股权投资拓展。二是全国布局，以北京华文书局、上海时代传媒为核心，聚合前沿高科技产业、投融资业务、国际合作，辐射带动安徽出版对外推广和快速发展。三是全球布局，在境内境外、海峡两岸、五大洲设点，以产品"走出去"带动实体、形象和影响"走出去"，促进民族特色与世界潮流、国内资源与国际市场相结合。

产业布局细思量

在出版产业的环环节节都要进行产业布局，不能只做书。出版上游有纸张、纸浆、物流，这些都是贸易环节，会产生贸易投资、融资。下游是印刷，印刷牵涉到自身印刷、机械设备的代理维护等。印刷有包装印刷、图书印刷、烟盒印刷、塑料医药包装印刷，等等，这些都可以延伸到其他行业，把产业链串起来。

出版的中游，从作者到读者都是资源，主要是适应出版立体化的需要，运作内容的技术升级；主要是引进高精尖人才，是培养人，培养有眼光、有阅历、善交流、会判断的编辑。出版产业的运作特点是"四两拨千斤"，不像工业企业，换个车型，从模具开发到整车组装，全部都要换。阅读内容可以"一女八嫁"，换形式、换载体、换手段，把所有元素调动起来，就是王道。

产业成就主业

产业与主业发展缺一不可。主业不是孤立的，主业是产业的一部分，产业发展的根本目的是壮大企业，只有企业壮大了，主业发展才能更有保障、后劲、空间；主业才能潜心做出版，不为生存担忧，不为岗位困扰。而且能促使观念转变、队伍稳定、市场适应、竞争力提高，促使主业、产业双翼发展，互为促进，更显主业社会影响力和经济贡献力。

一主两多

出版集团必须谋求多元发展，通过多元化经营来提高经营效益，改善出版主业发展环境。在参考国际知名出版传媒集团发展经验、结合我国当前有关出版管理法律法规及政策和我出版集团实际状况来看，只有创新发展思路，走"一主两多"的发展道路，即做强主业，多媒体经营、多元化发展，我们才可能达成目标，实现跨越式发展。

产业成功，主业就会成功

出版主业不是孤立的，必须在产业环境中才能生存。全国图书出版每年只有700亿元左右的规模，有近600家出版社在经营，竞争激烈。而"阅读"的市场是无限的，需要创新产品、创新内容、创造新的机会，进行跨地区、跨行业、跨所有制发展。产业发展可以拓展主业的发展空间，延伸主业产业链，增加主业增值环节。产业成功，主业就会成功。

产业为主业发展搭建更加广阔的平台

产业为主业进步发挥了人才蓄水池的作用。出版业面临更开放、更激烈、更多元的竞争格局，因此，产业要考虑更长远、更注重人才、资本、品牌的保障。出版业属于智力经济，人才是最重要的生产要素。

产业为主业发展搭建了更加广阔的平台。资本的逐利性决定了只要能创造利润，资本就会进行渗透，而不仅仅局限于某一个出版业务板块。因为出版产业资本的属性是流动的、社会的，只要有利于主业增强、资本增值、产能增大，出版产业资本就应涉足，促进产业发展。

集团利用资本掌控资源、资产，搭建主业与整个经济产业沟通的桥梁，实现出版产业和其他产业有效嫁接。集团收购旅行社，将文化元素融入旅游产业，实现文化产业与旅游产业嫁接，扩大了文化产业的社会影响力和经济渗透力。

产业与主业发展缺一不可

主业不是孤立的，主业是产业的一部分。要推动主业与医药、旅游、酒店、置业等产业融合发展，增加相关产业文化含量。做企业不能简单地做产品，出版企业更不能简单地做书，产业的融合、创意的力量，将会催生无与伦比的倍增效应。文化产业不是文化人才能做的产业，是人人都能做的产业；也不是只有文化人才会做文化，其他行业的人也会做，甚至做得更好。我们既要有想法也要有办法，既要有看法也要有方法，在主业基础上创造关联产业，用关联产业辐射出版主业，积极探索新的商业模式。

文化产业要扩大产业面，拓展产业功能

跨越发展就是要不断扩大产业面，始终创新产业功能。多元是必然趋势，多元发展并非抛开主业，而是主业延伸，控制盈利资源。多元与主业互为融合、支撑。单一出版企业将面临产业冲击，能小康但不能大规模发展，会出现同存局面。地方出版集团必然资本化、多元化。部委高校出版单位仍将继续靠部委经营或部分垄断经营，改革有待加深。

多元发展要在以下方面发力：1.支撑主业，壮大主业根基；2.为主业培育和孵化新媒体、新业态、新技术；3.发挥人才蓄水池作用；4.为主业搭建更广阔的平台，搭建主业与整个经济产业沟通的桥梁，实现出版产业和其他产业有效嫁接，围绕大文化产业发展，扩大社会影响力和产业渗透力。

产业为培育新媒体、新业态、新技术发挥孵化器作用

集团产业可以充当孵化器，不断培育前景好、潜力大、需孵化的项目，等成熟后再交给主业运营维护。这样，可以减少主业的直接成本，让各出版单位集中精力潜心做自我策划、发展明确的经营项目，从而真正体现产业为主业服务。

跨越发展就要不断扩大产业面，始终创新产业功能

2009年4月，新闻出版总署出台《关于进一步推进新闻出版体制改革的指导意见》，包含深化改革、扶持大型产业集团发展等一系列新政策，这对于我们集团来说是机遇也是挑战。集团与上市公司要分重点运作。集团是出版企业发展的大平台、蓄水池、催化剂和孵化器，真正起到四两拨千斤的作用。上市的时代出版公司则将着力推进品牌化、国际化、资本化，确保高市值、高增长、高净资产收益率，为出版产业树立上市公司良好形象和主业板块。

产业不断拓展，主业不断进步，就是成功的标志

出版是一个产业，出版集团要做产业链、运营出版资本。出版资本可以掌握任何资源，不要把它限制在出版里面，因为资本的属性是流动的、社会的，并不属于哪个行业，它不可能在一个方向上停留，它必须不断壮大。

只要出版集团能够不断壮大、企业欣欣向荣、主业不断进步、员工能过上好日子，就是成功。文化企业做任何事，只要有利于它的主业发展，有利于增强它的资本，有利于提升它的产业能力，就是值得涉足的。

文化产业牵涉每一个经济部门，其中任何一个环节都可以做出很大的经济贡献，比如图书、印刷、光盘、有声读物、数字读物、广告、影视等，每一个环节都是一个细分的产业链。

所以，必须转变观念，必须结合资产扩张来运作产业链，运作相关资产和资本，这些运作都是对主业的补充、保障和助力。

专业有品位，行业有地位

品牌是企业核心竞争力的集中体现，出版产业集团化有利于采用立体战略打造产品和企业品牌。出版单位重在通过出精品书、畅销书、常销书，培育出版品牌，拓展和赢得市场。集团层面立足大文化培养产业品牌，发挥催化剂作用，就是促一促、添把火、伸把手、垫个步，加快促进企业向"专、精、新、特"方向发展，扩大社会影响力，使企业实现专业有品位、行业有地位。

明确两个定位

坚持多元经营，发展空间有实质拓展。明确两个定位——一是出版单位定位。各出版单位主要任务是确立出版特色，走"专、精、新、特"发展之路，做强主业；抓精品力作，出品牌，创品位，增强出版核心竞争力，创建百年出版企业。二是集团业务定位，就是做大规模，提高综合实力，用多元经营为主业发展创造时间、空间、条件。

出版集团的功能与方向

加大主业投入和产业扩张，实行多元化经营。集团及公司与出版社不同，是做资本、资产的，关注点在于做好图书资本和市场的维护和开拓，完善产业链。确定企业经营模式，不仅要提升主业，也要拓展产业，将资本投入可行的行业，以多方面的投资带动集团资本运行的良性循环。在主业上要加大资金成倍投入,同时加大产业拓展力度,重点在锁定资源、资本扩张上下功夫,适时进行跨媒体、跨地区、跨行业收购、兼并、重组以及合作。

集团与出版单位要分工协作、协同发展

将出版单位组建在一起,形成集团,由集团控股,可以集中资本、集中资源、整体协同、集中突破,可以行动一致、文化一致、优势互补、集中发力。集团重在分业经营,分业监管,在于明确方向、制定规则、资本运作、战略规划、合理监管、品牌经营、整体协同等核心职能,提升集团价值。出版单位是什么?是舞台,什么都演。你是舞台,只收舞台的钱,别人收演出的钱,所以出版要原创、挖掘和整合。少年儿童出版社重点研究少儿,美术出版单位研究美术,而不是出版,出版是研究策划、产品、市场。集团经营出版资本、产业链,出版单位经营出版业务、出版产品。集团重点是立足大文化背景发展产业,出版单位立足做主业产品。集团创环境、搭平台,出版社争品质、创品牌。出版业只能创企业品牌,而不能有产品品牌,所以专业化规模生产至关重要。集团与出版单位之间可以实现人员互动、信息互动、资本互动、管理互动,互为促进,共同发展。

出版资产与出版业务互为平台

出版集团是出版企业之间一种以资本为纽带形成的经济利益共同体。表面上是各出版社间的联合,实质上是一种生产要素的配置形式。集团的组建推动了人才、资本、技术、品牌等要素的有效聚集,提高了产业集中度,为集团成员单位实现市场扩张、规模扩张和资本扩张创造了有利条件。集团经营出版资产,出版社经营出版业务,集团的职能重在搭建平台、整合资源、培育人才、塑造品牌、建立渠道。

产业与主业经营主体要分工明确

依据实际情况,我们明晰定位集团和专营主业的上市公司的发展重点:集团重在资本运营和产业经营扩张,突破出版边界,围绕大文化产业发展,打造文化产业品牌。几年来,收入与利润极为丰厚,完全可以大规模支持主业与产业。上市公司——时代出版传媒股份有限公司重点整合主业发展资源,专注经营出版资产,延伸出版产业链,发展出版业务,打造出版行业品牌。上市公司所有收入与利润均来自出版主业,所有资本、人才、管理等均投入主业,极大地发挥了其专注、潜心做主业的优势。

集团要发挥催化剂、孵化器、蓄水池作用

集团以加大投入为企业多搭建平台、多创造条件、多培育资源。在各单位自主经营、自负盈亏的基础上,统一资金、统一销售、统一宣传、统一人才使用,统筹安排相关业务。以抓资源为强化出版的突破口,在传统板块中找新亮点、新产品,抢资源、重原创、挖名作,把求快、求稳、求专、求优结合起来。以拓展新媒体加快创新出版业态,实现高科技与内容产业的互动开发,推动科技文化化、文化科技化。以"走出去"推动产业外向型发展,提升文化传播和贸易能力。重点开拓版权输出、合作出版、实物出口、文化产品、走出去办企业这五大业务。

集团是人才蓄水池

出版业属于智力经济,人才是最重要的生产要素。这个行业是典型的人在财聚、人走财散。必须有纽带留住人,必须有机制留住人,必须有平台留住人。人才必须蓄积,必须筛选,必须人尽其才、才尽其用。

集团是技术经营创新平台

技术创新是产业发展的根本动力。由于技术创新的资金投入大、风险高，所以对出版单位的规模提出一定的要求。出版产业集团化形成了较大规模，能够集中发展基金，加大项目投入、技术改造等力度，有利于增强出版产业的技术创新能力和新技术应用能力，有利于运用先进适用的高新技术改造传统出版业的生产、管理和传播方式，使传统出版产业焕发新的活力，使企业提高经营效益。

只有"三跨"发展，才能实现行业有地位

为什么要"跨媒体、跨地区、跨行业"发展？这与行业特点及市场容量有关。由于出版本身投入产出不大，产品本身无连续性，单产简单，定价又低，加上机构规模也小、散、乱，产出有限，但它的特点是可以多元嫁接，只有与其他产业融合，才能融入社会经济循环，才能实现行业有地位。行业有地位，资源、资本和产业政策才向你倾斜；行业没地位，什么都不向你倾斜。所以产业链一定要长，产业面一定要宽，渗透面一定要广。产业的发展有利于融通与社会方方面面的联系，进而形成有利于产业发展的环境。

做强主业才有核心竞争力

拥有核心竞争力，才能掌握自己的命运。提升企业的影响力，比急功近利地做琐碎的事更为重要。影响力是什么？影响力就是让人们感觉到企业有较强的核心竞争力，有好的产品在市场上展现优势，有一个创新发展的经营理念，有一支优秀的管理队伍并具有较强的综合软实力。影响力是企业的真正价值所在。

品牌就是影响力

品牌影响力需要花功夫培育，做书不能简单看短期、单品种是否盈利，还要看总体是不是盈利，要看总体会对品牌有什么影响。文化产业要产生影响力，更需要摒弃传统思维，更需要关注，更需要培养，更需要投入。没有影响力就没有品牌，没有品牌就产生不了效益。文化产业要有冲动的精神，没有冲动就没有闯劲，冲动才能带动人；要有逼上梁山的心态，要有置于死地而后生的决心。"不知死，焉知生？"

品牌就是市场份额

出版物选题必须讲经济，讲市场接受；一个选题，至少要有两三万册以上的销售量。有一类品牌选题，专业程度高、特色明显，它的定位主要不是赚钱，是要通过它来培养作者群体，提高知名度、美誉度，锻炼编辑队伍。这类品牌书带来了荣誉，树立了好的形象，展示了实力，我们就要扶持、奖励，但对一般图书，绝不容许亏损，谁亏谁负责，这是一条原则。

出版产业要抓好原创

出版主业始终是内容为王。原创越来越成为出版社立社之基、兴社之本、强社之道。出版只是一道工序，关键是内容。出版社抓内容原创，要做好自己创作、自己出题目别人创作、别人出创意出版社加工融合三方面工作。数字出版要淡化出版概念，强化数字意识，加大高科技运用力度，高度重视并切实用好电子商务，开发新型出版业态，重点做好"一本书能卖几次"的文章，实现一日投入、多日产出、一种投入、多种产出，实现内容的多载体增值。

资源与投入是出版主业发展的核心抓手

抓好畅销书、品牌书、重大策划、重点项目的办法之一是抓资源。资源很重要，每个人都要出去跑资源，如果每个人都能跑起来，资源会越来越多。办法之二是抓投入。投入是为了推动出版主业发展得更快。原创需要太长时间，合作能够更快启动。要利用资金优势，吸纳人才资源、团队资源、出版资源、文化资源等，尽快形成出版核心竞争力。

投入的第一个方式是重组，要借壳把好的资源、结构、模式等吸纳进来，再融合、开发、利用。投入的第二个方式就是培养新业务。要重点投入有创造性、有影响力、有发展潜力的新业务。这个时代是不差钱的时代，是差故事、差思想的时代。办法就是能力，办法是被逼出来的。不会做要会看、会管，资源可以寻找、可以占有、可以挖掘，成就也可以积累、可以嫁接、可以合作。

策划与品牌是做强主业的重要支撑

要提升策划与品牌，进一步凸显主业强势。加强重点出版物内容与商业的策划、市场建设与载体开发的策划，打造更多上榜书和特色板块。开拓网络、社区、商店、学校销售渠道。加强国际出版合作，尤其是版权贸易、实物出口等。可利用我国在世界各地中国商品分拨中心、各类专业交易会，扩大出版立体开发的产品市场，开展跨国经营。

做强主业必须加大投入与创新

传统行业必须有另类思维才能有所发展，传统市场必须有另类行动才能有所突破，要从产品的"灵感创新"发展到产业的"系统创新"，要在传统行业中找出经营新模式。主业发展首先要加大投入，使出版社强起来，出版社强，才是主业强。

文化产业必须实施高、广、深、新的精品工程战略

以高端资源、广阔市场、深度开发、新型业态为核心，挖掘、储备和开发高端文化精品，开发图书衍生品，实现一种投入多种产出，大力发展文化电子商务，攻克数字出版关键技术，大规模开展 3G 互动阅读产品开发，重点推出一批精品示范工程和品牌文化项目。

文化产业发展一定要整合资源

推动产业发展有两种方式，一种是依靠自己的力量发展，一种是与别人合作借力发展。特别是文化创意产业，占有资源就有核心竞争力。只要能抓住资源、发掘资源、整合资源就能推动产业快速发展。比如出版业，也不一定每本书都是自己主动策划，如通过合作，能占有、能消化，做成功后也是自己的品牌。

深挖品牌资源

要充分发挥人才优势、研发优势与资本优势，站在文化品牌、品牌文化的战略高度，以优质资源为基础，打造重大出版工程、文化建设工程，重点落在汇聚资源、整合资源、开发资源，引领文化市场，创造文化精品，创新文化品牌。

挖掘整合文化资源

要注重挖掘整合文化资源，实施重大文化产业项目带动战略。打破地区、部门、行业、所有制界限，对文化资源挖掘开发的同时，重新进行整合利用，提高集约化经营水平和产业集中度。

资源就是主动权

对于文化企业来说，谁掌控文化资源，谁就真正掌握主动权。资源是文化产业发展的源头，文化资源具有一次投入、多次利用的特点，占有了文化资源，就可以进行资源深度挖掘，将资源优势转为产业优势。

抓增长，必须突出板块特色

突出板块特色是出版单位永恒的主题。不去努力形成板块特色，无论投入多少精力、多少资金，都不可能形成品牌，不可能形成文化积累，不可能形成核心竞争力，不可能成为百年名企。什么叫百年店？百年店都是专业店。集团层面可以追求多元发展，但各个出版单位一定要有特色定位。前三年，出版单位把重点放在壮大规模、搞活经营、理顺管理、提高队伍素质上，接下来的三年要突出精细化发展，要突出形成板块特色，并在形成特色的基础上，实现差异化竞争，找到与别人不一样的运作方式。

抓增长，必须突出内容的多层次开发

抓优质内容资源，抓内容的多层次立体开发，是出版产业盈利的最佳手段。一定要锁定名作者、有潜力的作者、有创意的作者。锁定作者才能锁定资源，锁定资源才能自主创造，自主创造才能参与竞争。我们的核心竞争力不仅要体现在积极向上的精神状态上，体现在充足的资本上，更要体现在产品的核心竞争力上。产品的核心竞争力靠的是能够自主开发、自主策划的原创型人才。资源开拓有两种方式，一种是原创、自主开发的资源；另外一种是嫁接获得的资源。要培养好自己的人才队伍，提高我们自主开发、原创策划的能力去获得资源。

做大产业才能跨越发展

文化产业一定要延伸产业链、拓展产业面,做大市场份额、做大市场规模;产业大,才能带来资源、资金、技术、人才、平台,才能从量变到质变。要实现跨越发展,必须进入更大产业,多元拓展,推动各种市场化元素不断进入,让产业内涵更加丰富,产业需求获得更大满足,进入经济循环,找到定位,找准模式,增强产业的关联度、渗透力、影响力。

做文化要在培育产业链上下功夫

做大产业就要在出版上游资源、下游网络、好书立体开发上下功夫,形成完整的出版产业链。它涵盖了企业的经济效益、社会效益、产业的覆盖面、社会知名度、行业影响力等方面。我们不仅仅是文化的传承者,更是文化的传播者。因此,具备文化传播力,形成完整产业链,对企业的跨越式发展意义重大。

产业就是市场载体

有产就要有业,不能只有产而无业,要形成一个经济循环。每个产业都是逐步发展形成的,都是在经济大循环中发展的,是要不断投入的。过去,整个文化市场基本没有投入,往往只是重生产、轻销售,重积累、轻创新,认为积累更重要,而不把钱放在真正重要的市场开拓上。因此,如果在国际上竞争,我们不仅没有强大的载体,也没有强大的实力,这是一个很大的问题。产业就是市场主体，就是市场载体。文化产业不能脱离经济活动，要面向市场，求生存、求发展。

市场份额决定市场地位

当规模达到一定程度，就有了价值、资源、合作伙伴、谈判条件、社会地位、盈利能力。就当前而言，做大规模是集团首要目标。但是依靠传统出版，短时间内很难做大规模，这就迫切需要印刷复制等生产型企业和文化贸易等流通型企业，进一步拓展市场，加快做大规模。当经营达到一定规模时，市场地位、谈判条件相应改变，人力资源优势得到充分发挥，与合作伙伴谈条件就有了底气，也能获得相应扶持，利润就随之而来。

产业大，企业才能大

要进一步明确文化产业属性中出版产业的概念与定位，明确出版行业与产业的区别与各自重点，推动产业突破、延伸、提升。要明确企业与事业的根本指导方针、地方企业与中央企业的分类指导方针。

产业价值决定了一个产业的地位和影响力

弱势的出版产业，由于较低的经济贡献率，决定了其对国民经济乃至社会的影响力、号召力较低。出版产业发展不快、贡献率不高、影响力不大，其中一个重要原因，就是出版产业长期以来奉行单一产业发展模式，造成出版产业与国民经济其他行业关联度不大，发展的支撑力不足，关注度不够，视野不开阔，增长乏力，创新无力。所以，要力创产业价值，即产业贡献率、影响力、覆盖率。

扩张才能发展

从产业角度讲，出版产业比较单一脆弱，资源散乱。失去传统保护之后，单一行业模式可以生存，但不能大规模发展，发展瓶颈越来越细，必须成功扩张，才能发展，特别是要与教育产业结合。一定要打破区域、行业、产业封闭，谋求与推动资本化、产业化、市场化，同时要考虑全媒体互动、多产业融合、大商业链拓展和跨国界发展的可能性与条件，全面解放生产力。出版产业多元并非是抛开主业，而是以主业为中心，由此及彼衍生，盘活、盘新、盘大文化资源。重点是运用出版产业的文化创意特性，找准赢利点，搭建主业与整个经济产业沟通的桥梁，向其他行业辐射，围绕大文化产业发展，扩大社会影响力和产业渗透力。

多元化经营的作用

实行多元化经营有着重要的作用。其一，是要解决存量资产的问题，盘活资产，充分利用资源。其二，是要解决人才分流的问题，安置人员。其三，是通过与境外的多方面交流，为招商引资做铺垫。多元发展最大的作用则是，将社会与经济元素全面引入，将文化产业的魅力、实力辐射到社会方方面面，并将相关产业投资获得的收益反哺出版主业，从而推动产业做强做大，做稳做长。

旅游产业是朝阳产业

做旅行社不等于做旅游。做旅行社只是为游客提供咨询和服务，与旅游产业没有太大关系。在国外，两三个人就能撑起一个旅行社。旅行社是非常传统的行业，仅仅是旅游产业链上的一个小环节。旅游产业发展前景巨大。伴随着国家加快转变经济发展方式、大力调整经济结构，与文化紧密结合的旅游业地位不断提升。旅游业是朝阳产业，随着消费结构升级换代，老百姓在初步解决教育、医疗和住房等基本问题后，会慢慢把钱花在旅游上。旅游产业是把握未来消费需求的产业，现在打好基础，有朝一日会迎来"井喷式"增长，很有前途。

旅游与文化要紧密结合

旅行社要向旅游产业方向发展。企业积累到一定规模后，必须扩大产业面、培育新业态，才能更好发展。旅游业务范围既有票务，又有会展，还有旅游服务、海内外线路产品，要逐渐向完整的产业链靠拢。旅行社要借助现有平台，延伸产业链条，与文化、产品、市场结合起来，发展成为一个包含旅游投资、旅游线路、旅游产品、旅游咨询等一系列内容的旅游产业投资公司。

老瓶装新醋才有卖点

要利用好、维护好自身品牌，把工作做细、做到位。业务员不要满足把得到的信息做成业务，一定要想想为什么得不到信息，积极努力获取信息，并以优质服务留住信息源，一点一点积累信息，积累人脉；不能只满足于传统模式，要设计新颖性、特色性、文化性线路产品，拼别人家没有的产品，即使是相同的产品，也要设计出不同的内容，老瓶装新醋才有卖点。

有钱"转"才会有钱"赚"

资本是趋利的,是流动的,资本的本能就是在趋利和流动中增值。只有有钱"转",才会有钱"赚"。文化产业不能恐惧资本,而是要掌控资本。要充分利用资本市场,用资本优化文化产业的自身结构,推进跨地区、跨行业、跨所有制兼并重组,进行行业整合、优化结构、调整布局;用资本加快文化产业向其他产业的渗透、融合、拓展。

文化产业发展一定要与资本相结合

资本让你有更好的市场空间,占有更多优质的资源,没有资本就无法进行产品的创造。任何一个企业,唯有资本转起来,资源才能活起来,产业才会大起来、强起来。文化产业也是如此。要想做大做强产业,必须掌握市场主动权,融入经济大循环,发挥资本优势,进行资本经营,在文化背景下加速文化产业拓展,以资本占有资源,实现文化产业和其他产业的有效嫁接。

文化产业必须发展到资本层面

10年来的文化体制改革使文化产业已经全面融入经济大循环,成为现代产业体系的重要组成部分。但目前的改革还停留在产品层面,体现在产品沉淀上。随着经济体制和国有资产管理体制改革的深化,任何产业都将资本化、股份化,文化产业最后必须发展到资本层面,形成资本沉淀,用资本开发产品、控制产品、延伸产品、更新和改造产品，再通过产品占据市场，通过市场产生效益。

文化资本运营创新推动产业升级

要借助资本运营方式的创新，发挥资本助推器作用，来整合优质文化资产，优化文化资源配置。主要可采用上市发展、发行债券、股权置换、参股关联行业等方式进行资本运作，以实现投资增长快、效益明显的目标，为主业发展和产业扩张创造良好资源，实现产业与主业互通、互融、互动、互补，大大延伸产业链，很好地发挥协同效应，推进产业升级和结构调整。

文化企业融资首先要获得授信

文化企业融资首先要获得授信，授信的过程就是完善融资条件。以中小企业为主的文化企业如何能融到资呢？没有授信，就无法融资，没有融资条件，授信也不能使用。因而，如果动漫、出版、"走出去"等文化产业有文化产业基金、文化产业引导基金、文化产业银行、文化产业担保公司、文化产业保险公司等一系列配套保障，相信文化产业会像大工业那样快速发展。

以资本运作推进跨越发展

任何一个企业的发展靠政府优惠政策支持都是阶段性的，靠自我积累是缓慢的、抓不住机遇的，只有靠市场机遇和资本运作才能迅速成长。随着国家鼓励文化产业走入资本市场，要认真谋划，抓资本运营，推动成功上市，使企业具备更强的竞争能力，管理更规范，推动强化主业，寻找更多机会。其中规范运作很重要，上市公司的所有信息数字都是经过多层严格审计的，没有内部关联重复计算，没有水分。粉饰报表是上市公司的禁区。

效益优先的资本运营战略

继续推进具备条件的集团所属企业上市，增强企业的资本市场参与度。继续开展中短期融资债券业务，拓展资本投资。继续推进股权多元化改造，完善公司治理结构，优化资产结构，做大资产总量，让资本转起来产生最大效益，发挥资本的产业发展动力作用。

十个坛子五个盖

投入，也是观念的转变，转变原先小农经济、手工作坊、守业维持、小富即安、小康出版情结等守陈观念；转变过去只满足工资、福利、奖金，而无长远基础建设、市场渠道、人才培养、资本运作投入等短视观念。资金账户上没有必要保留大量的资金，要投入，创造出远远大于银行存款利息的收益，要能做到"十个坛子五个盖，坛坛盖得圆；拆东墙补西墙，墙墙不倒"。投入要有规划，有预算，要实现什么产出，就做适当的投入，投入包括资产投入、新产品开发投入、市场培育投入、渠道建设投入、人员培训投入等。投入可以盘活存量，提高增量。没有投入就没有研发，没有产品，没有市场，没有人才聚集。任何时候都是先投入，才能赚到钱。即使有国家资助、风险投资，你也得先投入做好项目调研及策划。

发挥资本"四两拨千斤"的作用

企业在解决生存、投入、发展问题的基础上，要想迅速做大做强，必须发挥资本、资源和人才作用，进行产业拓展。要学会资本运作，快速积累资本，发挥资本"四两拨千斤"的作用，进行资源整合，掌控资源。有了资源，就可以进行产品开发，人才也就有了用武之地，人才就会聚集，就会对文化产业带来新的冲击。因此，产业发展讲究资本、资源和人才三要素。

发挥资本"以小博大"的作用

资本要进行运作,改变过去向政府要钱、不进行市场融资的"拿钱"方式,通过上市、发行债券、建立基金等方式融资,发挥资本以小博大的作用,进行资源整合与掌控,进行再投入。原料、资源必须资本化,资本必须资源化。

投资要学会融资运作

投资应该投到能产生最大价值的产业链环节,服务最赚钱。传统文化单位大多是向政府要钱或自筹,并没有市场融资。主要是缺乏意识,自娱自乐。靠图书积累,很慢、很难,没有进一步投入的来源。文化产业要学会投融资,用活用足政策,学会要政策,实现文化金融新突破,积极与商业银行合作,在投资、信贷、债券、租赁、保险等方面开展多层次直接融资。其他融资方式还包括建立文化产业发展基金、文化产业风险引导基金、投资文化担保公司、创立文化产业银行及保险公司。融资后,就要发挥资本杠杆作用,实现资本与资源、资本与市场、资本与创新、资本与产业的嫁接,投入开发新产品,增加市场消费,拉动产业经济增长。

资本、资源、人才与资质、资金、资历

产业讲资本、资源、人才,资质、资金、资历不是主要元素,要改变这种"三资思想"。产业就是产业链,是生产制造、产品交付、服务提供的组合,而服务的利润应该大于产品生产及交付创造的利润,金融危机后我们应该学会这点,加强产业整合就是产品与服务的组合。谁整合产业链的能力强,谁就赢得产业优势。文化产业是提供精神产品或服务的行业,是一个内涵很广的巨大"产业群"。我们讲资质、资金、资历不是主要元素,是因为资质迟早会被取消的,资金也不是问题,有成长性的项目,风险投资资金会蜂

拥而至的，如好的游戏项目就能吸引大量资金。至于资历，更是在市场竞争中必须淡化的元素。

创意、知识产权是文化产业投资融资的最大方向

加快文化发展主要靠文化资本和文化资源。创意确实引领很多产业，美国人创意很好，比如硅谷吸引大量资金，美国又设计纳斯达克吸收资金。同样，做文化也有很多要创意的事情。有创意就能吸金，功夫要下在创意上。资源能造血，功夫要下在造血上。

资本运营要多元化

出版企业的快速发展，不是靠简单的做书、做产品，而是靠产业链、产业面。不仅要保持原有的文化内容，更应创新文化产业经营主体的经营模式。集团率先在行业内提出了"战略决定成败，产业成就主业"的发展战略，借助资本运营方式的创新，发挥资本助推器作用，整合优质文化资产，优化文化资源配置；采用主业上市、发行债券、股权置换、参股关联行业等方式，实现了投资增长快、效益明显的目标，为主业发展和产业扩张打造了良好的平台，实现了产业与主业互通、互融、互动、互补，大大延伸了产业链，充分发挥了协同效应，推进了产业升级和结构调整。

没有大投入就没有大效益

文化产业是新兴的智力和资本双密集型行业，抓文化产业必须立足高端、着眼长远，既要从产业内部着手投入，抓板块、抓人才、抓核心竞争力，也要从经济社会发展全局着眼，加大投入，抓基础、抓资源、抓影响力。没有大的基础性投入就没有长远效益，也就没有进一步发展的基础。

抓增长，必须加大投入力度

没有投入就没有产出，我们的资金主要用来投资再生产，获取更多的剩余价值。投入不是放在固定资产上，而是要投入市场渠道的开拓上，投入资源的开发上，投入队伍的培养上，投入品牌的培育上。要加大研发投入，开拓有核心竞争力的产品，策划更多原创作品。

建立多形态的文化产业发展融资体系

可以全方位募集非银行或银行资金，中央和地方互动，建立资本网络以支持文化产业投入发展。以募集文化产业基金为基础，建立文化产业银行、文化产业信用保险公司、文化产业担保公司、文化产业财务公司以及文化产业产权交易中心，从政策和实际条件上强力推动发展。协调银监会，或以中部为试点，自发组织，前期投入，解决市场无序问题。

建立文化产业风险基金

文化产业是新兴产业、朝阳产业。但很多文化企业刚刚由事业单位改制而来，无积累、融资难。工农业生产发展，由于国家已投入支持了很多年，积累了几十年，而文化产业还处于起步阶段，单纯靠企业自身一点点发展，因而进度慢、产品范围小、市场竞争力弱。文化产业发展要有长期的考虑，应该像抓农业、工业、金融业那样，有一个长期规划和投入，规划可以细化到每一个产品、每一个市场、每一个环节。建立风险基金可解决发展的后顾之忧，促进快速起步。文化产业没有模式化的东西，因而风险基金是最好的互动体系，是最好的引导。

"后上市时代"的战略定位

在"后上市时代",控股的集团公司与上市公司分重点运作。集团层面将继续重点抓企业文化与资产管理、投融资经营转型与产业升级,培育新增长点、新投资点,争取资本市场适当扩张,为上市公司培育更多新的资本嫁接点。上市公司则要着力推进品牌化、国际化、资本化,进一步承担压力、激发动力、引燃爆发力,全面提升出版主业核心竞争力,确保高市值、高增长、高净资产收益率,为出版产业树立上市公司良好形象。加大资本运作,实现高效扩张。根据战略规划及发展实际,积极寻找资产重组或控股、参股机会,大力推进资源嫁接或资本合作,共创市场,共谋大业。

文化企业上市不是跟风

文化企业要利用全国大市场,而不是分裂市场,否则募集受限制,在资源上难协调;文化企业可以联合建立共同平台,自主上市或合作发展。上市不是炫耀、显示,而是要实现企业利益。上市是把双刃剑,对经营团队是一个严峻的考验。上市公司必须严格遵守游戏规则,在信息披露、经营管理各方面都要严格规范,容不得半点疏忽大意。由于上市工作需要具备的条件很多,企业可能一时半会做不到。上市不是企业发展的唯一之路,通过参股、换股、联合等方式,曲线救市(企),都可以达到上市目的,都可以达到发展企业的目的。

资源要变成资本

企业上市最大的变化就是资源可以变成资本。上市把出版企业推到了市场经济的资本层面、商业层面,提升了产业的整体外向度。同时,上市也是对出版企业适应资本运作规律,适应必须竞争、必须增长、必须变化、必须开放、必须关注经济社会,适应高压力、高运转的考验。因此，并不是所有的出版集团都可以通过上市做大做强，否则，上市就不是现在这个概念。

要拓宽文化产业融资渠道，形成多渠道投入机制。加强与金融机构的联系与沟通，积极推荐有发展前景、有良好效益的文化产业项目争取信贷支持，鼓励开展文化担保、上市融资等。

文化产业需要社会共同关心

文化产业中的上市公司，还需要整个社会共同关心其成长。要让全社会认识文化产业中的上市公司，让上市公司取长补短、扬长避短，在竞争中成长壮大；这同时也有助于培育投资者理性投资，减少上市公司发展中的外界干扰。

上市不是灵丹妙药

出版产业属于意识形态领域，长期受到管制和保护，远离市场，布局分散、区域分割，各自为政。随着国家鼓励文化企业发展，又引发了出版企业一味盲目地追求上市，好像上市就是灵丹妙药。这与国家倡导的"培育跨领域跨地区跨国经营、具有国际竞争力和影响力的大型出版传媒集团公司，在推动社会主义文化大发展大繁荣中发挥主力军和主阵地作用"不相符合。对此现象，国家应加以关注，以避免重复建设进而导致新的市场割裂和市场保护，造成新的混乱。

▎全球都在起跑线

全球数字出版机构对互动阅读的研发都还处在起步阶段，软件企业对有机会介入出版领域充满期待，对参与产品研发充满好奇与热情。

由于软件技术全球基本同步，所以国外较高水准的互动阅读产品，在国内实现技术嫁接并无障碍。面对新一轮数字出版的竞争，与业内顶级的软件企业进行项目合作，从而分享早期市场竞争不充分的优势，谁先行，谁先受益。

媒介重组与融合下的出版产业走向

随着信息技术和网络技术的高速发展，出版产业中正在发生着一些引人瞩目的新变化，其中最为显著的变化就是各种媒介之间的界限越来越模糊，相互融合的速度越来越快。媒介融合的发展必定带来相关产业的重组与融合。出版企业会发现自己正置身于一个新的产业链条上，这个新产业链不仅包含现有的出版传媒机构，还包含新兴的内容提供商、电信运营商、IT业以及其他与信息生产相关的企业。传播渠道、内容、信息包装技术、发行平台与接收终端将成为未来产业链条的几个关键环节，以这几个环节为基础，会形成新的产业模式与格局。

这意味着，出版企业受到的钳制力量将更多，利益的竞争者也会更多，它在传统时代的优势将会消失殆尽。但是，这是出版企业不得不接受的现实。它所能做的，只有积极顺应融合的趋势，充分发挥现有的优势资源，在新的产业链条上，思考与谋求新的定位。在面对数字融合浪潮及其将给整个文化传媒产业带来巨大冲击和机遇之际，所有大型出版集团均把信息技术与互联网业务的开发和发展，放在至关重要的位置。

互动阅读研发的先行优势

优势主要有以下四点。一是版权资源：互动阅读与静态阅读电子书版权尚未分割开来，国内外经典作品、名人作品以及其他一流的创意内容的版权都有待挖掘，先行者有优势。二是门户网站：互动阅读内容及应用开发的门户网站在全国还没有出现，先行者有优势。三是资本题材：iPad平板电脑给消费市场带来极大震荡，互动阅读一定是资本市场最青睐的题材，不论是商业融资还是政府支持方面，先行者有优势。四是合作资源：互动阅读终端与浏览技术刚刚升级，并开始打破地域局限，先行者有优势。

出版产业价值链的重建

出版产业价值链是以出版社为核心，上游是内容制作者，下游是最终消费者。出版社通过三项核心技术：阅读引擎、电子书3.0开发工具、独创的格式以及加密技术和开放的社区平台，支撑起完整的电子书3.0产业价值链。要开发工具和阅读引擎提供给内容制作者，内容制作者利用它进行创意制作，不仅可以解决出版社整合正版互动内容资源的问题，而且还解决了制作电子书3.0周期较长的难题；通过开发工具制作的内容，需要特殊的格式才能发行，出版社把内容转换成独有的格式并加密，展示在社区平台上，经由各种网络传播渠道，使消费者通过不同的智能终端（平板电脑和智能手机），在社区平台上选择他们需要的内容及其他服务，这就使得出版社可以掌握发行渠道和支付渠道。

目前，我们的内容基于iPad这一特殊平台，以后会扩展到其他操作系统和平台，解决了阅读终端的成本问题，可以说从低价销售阅读器进化到阅读器零成本。这就形成了一条从内容制作到发布到售卖的完整产业链，其中出版社掌握着产业链上最核心的技术和平台，并且第一次可以直接面向最终消费者。同时，最终消费者可以时时将信息通过社区平台反馈给出版社以及内容制作者，形成信息流的反馈通道，真正达到传播的双向性和互动性。通过这样的信息反馈，我们可以及时了解到读者的需求，从而在第一时间有针对性地进行改进。

出版企业的转型优势

一是利用专业优势，寻找优质出版资源。出版人的核心竞争力，在于对内容的选择和拥有。利用现有人员在专业上的优势寻找好的数字出版资源，是传统出版企业发展互动阅读的根基。

二是利用行业优势，吸纳高端合作伙伴。互动阅读这一领域，是出版与软件行业的融合。目前，数字互动技术已经用于游戏、移动通信应用等诸多领域，但是涉足出版领域较少，对于出版专业的陌生感使其非常希望与出版人进行合作。

三是利用资金优势，深度开发系列选题。互动阅读在短期内未必能迅速盈利，它要求项目必须连续推出。利用资金优势，同时启动若干系列项目，才能在数字出版成熟期保证源源不断的资金回流。

四是利用品牌优势，广泛融合各类渠道。互动阅读产品开发完毕后，还需要进行必要的数据处理和终端接入，与国内外运营商平台、智能手机应用软件平台、阅读器和平板电脑，进行内容合作谈判、各渠道收费分成谈判、资金回笼、广告拓展等工作，构成互动阅读产业链的最后一环。

出版企业与技术运营商互为依存，互为支撑

出版企业与技术运营商将会进一步合作、互动。一方面，出版企业策划、出版多元内容，技术运营商研发、应用多元技术平台和路径，两者在产业链上互为补充、连接；另一方面，做大做强的出版集团会逐步向技术运营拓展，实力及潜力突出的技术运营商也会向内容领域挺进。

一是积极同技术运营商合作，借助技术运营商的技术经验，结合自身在内容资源和渠道上的优势，进行技术集成创新，开拓具有自身特色的数字出版业务，逐步培养出版企业数字出版的应用方向。

二是明确出版企业、技术商、运营商在数字出版产业链上合理分工，传统出版企业应更加专注于内容的数字化编辑创意，不断聚合优势资源，形成资源核心，而技术商和运营商应专注于平台支撑技术的服务，建立公开、公平、透明的交易体系，确保数字出版产业链上的各方利益得以合理保证。

三是出版企业应该积极做好数字出版的人才培养工作，强化现有编辑团队与技术人才的结合，确立出版企业中数字编辑人才的价值地位，给予培育空间，加快培养出既懂出版创意又懂技术的"导演型"数字编辑人才。

多屏合一引领未来复媒体泛阅读时代

数字新媒体的兴起和互联网技术的普及，给传统的文字和图片阅读带来了质的飞跃。以前的阅读载体仅仅局限于书刊报纸，阅读的形式也只有文字和图片。随着互联网的迅猛普及，特别是随着网速的不断提升，在智能网络终端成为一个个强大无比的阅读器的时代，人们对阅读提出了更高的要求，从传统的文字图片逐步扩展到带有交互式的图、文、音、像多位一体的阅读，我们称之为复媒体泛阅读。

近些年，在移动互联的大潮下，各类智能终端不断涌现，各种不同系统的平板电脑，各类功能各异的智能手机，各式直接上网的智能电视，加上各异的超极本，逐步形成了基于移动互联的一个多系统、跨平台的智能终端体系，每个家庭里都有各式各样的智能终端，家庭的上网环境也由当初单一的台式机上网，变成了由无线路由器连接的全员无线互联互通。无线让阅读变得更加简单，智能终端让阅读无处不在。

在这种条件下，内容在不同载体终端上的无缝传输成为一种趋势，大家习惯于在不同终端、不同时间、不同地点阅读同一个内容。而内容的阅读重点，也逐渐由图文变成了视频。而多屏合一所带来的阅读的变革，使得传统的出版模式，势必转变成带有一定的技术手段、具备核心的优质内容优势的立体化出版模式。总的来说，复媒体泛阅读时代，让人们的阅读更加宽泛化、多样化、人性化、便捷化，互动性成为阅读的主要特性。多屏合一所带来的，将是出版业态向更广、更深、更宽的领域不断拓展。

时光流影，和世界喝杯"下午茶"

怀旧是个人情绪，更是普世情怀，一部《山楂树之恋》唤醒一代人的青春记忆。但怀旧不仅仅可以是一本书、一部电影这样单一的产品形式，还能是国际性的多领域文化传播产业链。

新媒体时代，编辑在市场调研、产品策划、内容价值判断和整合提升等方面的功能不会改变。但文化产品的表现形式越来越多样化，因此编辑的运作理念和方式都应发生重大变化。要打造时光流影这种国际性多领域的文化传播产业链，编辑必须是掌握多种知识，具有更强策划整合、操作能力的复合型人才。

线上，时光流影以"怀旧"的微博沙龙为起点，打造充分个人化的国际原创网络平台，内容涵盖音乐、电影、文学、历史、电视剧等诸多领域。线下，时光流影通过强大的全版权运作经营，打通出版、电影、电视、旅游等领域的文化传播障碍，为用户打造全方位、广角度、立体式的"慢生活"文化产品体验，可以是老照片展览馆、老电影专题影院、慢生活体验馆，甚至咖啡厅。

为自己泡一杯下午茶，在微醺的风中怀念往事，在似有若无的音乐里感受时光缓缓流逝。时光流影可以成为全世界人的这杯下午茶。

现代阅读是对传统纸质阅读的颠覆和革命

移动互联时代，阅读的内容、载体、形式、功能进入了大变革时代。这种变革，不是对阅读的重要性进行颠覆，不是阅读受到更多的束缚，而是阅读的大解放、大革命——我们可以拥有更加丰富、更加多元、更加轻松、更加享受的阅读。

同时，国民的现代阅读与出版业的产业价值紧密相关。在产业爆发时代，这种咬合就更加宽广。现代阅读对我们的重要挑战在于，出版业不能再搬"我生产什么，你就读什么"的模式，而要"你读什么，我才生产什么"。出版不能固守在文化的象牙塔里，而要走近读者生活的小需求；要关注大道，更要关注小需，关注各种人群在现实生活中真真切切的现实需求。

对移动互联时代的阅读推广而言，也是如此。作为出版企业，一要强化利用官网、微博、微信等新的移动互联平台，做好图书的卖点、特色、核心关键词等信息的提炼和及时发布，像做百货一样去做好图书推介。二是为传统图书的数字化开发、整合和嫁接找到好的解决方式，以多种途径、多种载体、多种形式提供并推广阅读，为传统阅读和深阅读找到新的空间。

儿童读物点亮电子屏

童书数字化起步不算最早，却发展迅猛，形势看起来相当不错。孩子和家长们越来越多地在数字化环境下分享阅读，这也对他们的阅读频率和态度造成了影响。

互动和游戏化，是童书数字化的两个有效手段。我们利用平板电脑和智能手机，将传统的书本阅读变成听觉、触觉和视觉多种感觉混合在一起的学习方式，让故事画面出现在儿童的眼前，同时可以插入小游戏，或者故事本身按游戏过关方式推进，实现大作家们梦寐以求的效果。这种童书的数字化阅读方式未来肯定还会拓展到教室和客厅，将枯燥的教科书变成内容活泼的电子读物已经不再是一种假想。

此外，儿童读物电子+纸质结合的模式也是值得关注的：电子化素材创作是核心，印刷纸质书成为特色，既冲击着纸质书市场，又依赖纸质书创收。如果这个堡垒能被冲破的话，或将成为一种新型的赢利模式。Storybird（"数字故事"创作平台）也就少了一部分营收。不管怎样，萝卜白菜，小孩和家长总能找到自己的最爱。

加快建设包括文本加工格式在内的数字出版标准

出版企业在与当当、京东、方正三大电信运营商等内容销售平台合作时，要针对不同平台加工制作出不同格式的数字内容文档，造成了大量的重复劳动，而且由于加工出的版本太多，更无法对每个版本进行严格的内容质量检查。这从一方面折射出我国数字出版标准建设相对落后，如pdf、epub、txt、cebx、ocf等，格式众多，在一定程度上阻碍了数字阅读产业的发展。

国家层面需要在数字出版领域尽快引导相关标准的出台，打破个别企业对文本格式转化的垄断，打破文本内容加工转换的技术瓶颈，让出版企业可以通过公共的软件工具，较为简易地完成对数字内容资源进行转化和加工，实现针对不同平台、不同终端的多元化内容发布，让内容转换加工的源头回归出版企业，实现出版企业对数字内容的质量把控，从而为数字阅读产业建立健康的发展环境。

文化产业转型升级发展的瓶颈

推动文化与科技融合,实现传统出版的转型升级发展,还面临很多瓶颈(比如技术短板、模式困惑、人才匮乏等),而且投资大、风险大,缺乏盈利模式主导权、话语权,缺乏运营控制力、竞争力,经常有"敢说不敢做、说的比做的多"等现象。有的会说,不会做;有的会做,不敢投;投了没耐心,没有承受力。因而,必须每年加大科研经费提取,进行技术改造。

转型升级要以精品意识防止内容"陷阱"

不能盲目相信内容为王,如果只追求数量,缺乏精品,靠简单的数字化转化和媒介搬家,不可能带来市场。内容为王,应是强调内容的可读性。没有市场的纸质图书,转化成电子书,同样没有市场。数字出版的核心不在于数字化形式,而在于数字化运营。同样,数字出版也决不能效仿传统出版的品种扩张、粗放经营模式,不加选择,无限量堆积。内容并非越多、越加工就越增值,适销不对路,缺乏有效运营机制,卖不出去,不仅不会增值,反会成为负担,反噬效益。

转型升级要以资本力量撬开技术运营的大门

没有技术及盈利模式主导权,传统出版企业不仅要为作者做嫁衣,也要为技术商、运营商做嫁衣。有能力的出版企业,要学会用资本撬开技术的大门,重点立足文化,求解内容嫁接应用及盈利方案,在文化的技术化应用、技术的文化属性提升结合上突破、创新,掌握现代出版的核心技术及盈利模式,彻底改变在新兴产业及市场中的"失落"地位。当前,高科技出版文化项目的资本担忧普遍存在,主要原因是标准缺失、各自为战、市场混乱、鱼目混珠,因此在文化科技领域开展顶层设计、制定产业标准、打造示范项目、引领产业走向尤显紧迫。从为技术做嫁衣,到资本控制技术,以达到给自己做嫁衣的目的。

转型升级要以全媒体突破单一媒介、静态阅读的束缚

传统出版善于在纸上做文章，尽管业界开始炒作全媒体出版，但仍以纸质书为主，其他媒介形式的探索往往是概念多，规模、效应小。内容如何与技术嫁接，如何利用技术功能开发内容，利用技术功能综合运作内容，包括在线内容、碎片内容，推动泛阅读、引导阅读、功能阅读、引擎阅读等，将是数字出版发展的重点。

转型升级要以模式创新打破运营困境

经济产业化过程，往往是从封闭到开放，从一元到二元、多元的变革，传统出版企业进入数字出版不能用新瓶装陈酒，用老一套经营出版，即从作者内容拿来到抛给书店（渠道）销售的一元运营模式。

要着力在运营上创新，突出运营控制力、竞争力，充分吸纳和利用资本、技术、现代商业及其他产业力量，形成以内容多次加工为基础的多层次，以多载体、多媒体为基础的多形态，以出版、在线、嫁接、广告等为基础的多环节的复合互动运营模式，用运营盘活资源，增强产品商业属性和价值，调度和提升全产业链活力，用运营创造最大的市场、最大的效益。

出版企业的机遇是内容有了多元载体

数字出版不等于简单的网上阅读，不等于电子书，不等于都去做硬件。数字出版把内容策划和出版推到了更高的位置。传统出版的机遇在于内容有了更大的嫁接、运营和增值空间，可以让内容飞得更远更广更久。只要有好内容，就不愁没有好收益。对于出版企

业，数字出版不等于简单网上阅读，不等于电子书，不等于都去做硬件，都去运营，仍然是资源为主，内容、版权、著作权争夺更加激烈，技术只能为内容服务。传统出版企业的出路，在于通过提升策划度、创意度提升内容，在于提高内容创造的"技术"水平，向多媒体嫁接融合，打造文化产业的内容芯片。

转型升级发展要把握专业化原则

专业化无论如何强调都不为过，目前绝大部分传统出版企业的专业化程度都不强，特色不明显，仍要进一步加强。市场越成熟，分工越细，专业化就越能区分市场，越有内容话语权。但专业化同样要有量的支撑，要有专业的大市场、大收益。

转型升级发展要把握技术优先原则

技术是传统出版业的短板，很多出版企业为此纠结、困惑、却步。近两年，我们牵头成立全国首个数字出版技术创新战略联盟，成为国家高技术产业化示范工程、数字出版示范企业，设有文化传媒类方向博士后科研工作站、全国首家文化类省级企业技术中心、全国首个省级数字出版行业生产力促进中心、数字出版工程技术研发中心等。这就是前面说的基础性投入。投入的不仅是钱，还是平台、能力、观念、渠道等。

转型升级发展要把握衍生融合原则

只要有需求，就能运营操作、解决，就能通过衍生融合，让内容有最大的加工、嫁接、增值空间。要建立内容复合开发、多媒介呈现、多渠道嫁接的全产业链有效运营模式，形成融合出版社、技术服务与运营商以及其他内容需求商的整合开放运营平台。

转型升级发展要以项目为引领原则

任何产业的初期形态，往往都存在风险较高、市场较小的现象，这个时候以项目方式引领发展最容易取得成效。近两年，我们有时代数码港（集团数字化孵化基地）、无纸化教材等几十个项目进入国家级、省级文化科技融合重点项目，涉及产业园区、数字出版、标准制定、产品研发等多个领域，起到了引领方向、支撑发展的作用。

利用高新技术提升产业竞争力

要充分利用高新技术和新媒体，提升文化产业竞争力。文化产业要推进高新技术成果与文化产业的结合，提高文化产品生产和文化服务手段的科技含量，培植开发新兴文化产业。特别是大力拓展新媒体，发挥连带效应和综合效应，具有更大优势。

文化产业是与科技日益融合的产业，派生出网络游戏、网络视听、手机文化、IPTV、博客等新媒体，衍生出动漫、数字出版等新业态，使文化的内容更加引人入胜，文化的传播更加便捷迅速。

▍沿着旧地图，找不到新大陆

沿着旧地图，找不到新大陆。传统出版向数字出版转型，需要在新的产业链中寻找新的位置，需要对目前数字出版生态环境和发展趋势进行一次梳理，看到危机、找到商机，这样才能从容应对下一轮竞争，不能看别人吃豆腐牙齿快。

数字出版就是多元载体、多元阅读

未来的电子书不是"书的电子版"，要想替代纸质书成为一种主流的内容载体，它必须超越纸质书的所有优势，用新思维和新手段提供辅助阅读的更多附加值，而不仅仅是模仿纸质书的使用经验。知识和书写不再被固定于纸媒，即时、分享、互动、便捷、环保等新鲜感受纷至沓来。未来，书不仅仅是文字与图片的内容，而是嵌入触摸手控、视频、音频、动效、360度视图、跨文本、超链接、在线升级等多媒体技术的混搭型内容，阅读概念在无限拓展。

数字出版是时代趋势

数字出版代表着新兴生产力，代表着另一片更大、更广、更丰富、更有活力的文化市场，对于仍处于转型发展，迫切需要做大规模、做强实力与竞争力的传统出版而言，机遇绝对大于挑战。但机遇永远只会为有准备的人准备，只会为少数人准备，这种新时代的发展趋势，将全面考量出版集团的眼光、战略与实力。

文化产业的发展趋势决定了要做数字出版

在文化体制深入改革背景下，文化产业进入高速发展期。从国民经济社会发展的宏观上，从产业发展中观上，以及各种文化消费微观上，都呈现出快速上升势头。抓住新兴形态和力量，推动文化大发展大繁荣，是包括出版业在内的时代使命，出版业尤其是出版集团在文化体制改革中发挥了先驱者和排头兵作用，更应担负起以新兴业态做大文化产业的重任。

数字出版的发展速度决定了要做数字出版

数字出版作为新兴生产力方式，概念多、亮点多、创意多、空间大，在经济领域活跃、在资本市场活跃、在文化消费领域活跃，已经形成越来越大的阅读流和阅读群，开辟了文化消费市场的另一片"蓝海"。尽管目前传统出版在数字出版上作为有限，但正是这种空白或者不饱和状态，才有价值去挖掘，才值得下功夫、下本钱去做。不早介入、早抢占，不仅失去眼前的这片市场，也失去了即将兴起的更大市场。

传统出版的产业空间决定了要做数字出版

传统出版封闭性大，与其他产业交叉少、辐射小，难以激起其他产业投资兴趣，产业空间、产业活力、产业规模、产业实力有限。数字出版处于一个多产业交叉区，通过阅读器等硬件建设与制造业，通过软件与技术研发、服务与信息产业，通过资本运营与金融业形成融合，产业链不断延伸，产业边界不断扩展。做大蛋糕做大市场，总比不做大蛋糕做大市场要更有机会、更有前景，只有做数字出版，才能推动传统出版与其他产业形成开放式辐射，建立更大的产业体、产业规模、产业集群、产业价值，使得出版产业成为国民经济支柱性产业成为现实。

传统出版的转型使命决定了要做数字出版

传统体制机制遗留、区域垄断严重与市场竞争越来越激烈等现象交相叠加，造成传统出版的粗放型增长越来越突出，增长乏力，仅以品种和规模扩张维持产值、效益，产业机制、市场活力有待提升，迫切需要从增长方式到发展方式全面转型、升级。观之其他产业，高新技术一直是产业升级的重要力量、动力，数字出版引领的变革，不仅在于新兴技术的高速渗透，更在于技术在其他产业渗透过程中所捆绑的商业、资本等市场元素的大举介入，对传统出版将会形成革命性拉动、提升，即从单一平面低媒出版向多元立体出版转型。

内容开发是传统出版数字化发展的根本

数字出版是传统出版的重要补充，是从阅读、载体、运营流程，到市场、产业链等方面的全面拓展。对出版企业而言，内容积累是先天优势，但内容本身并不直接产生效益，应用才产生效益。技术提供了丰富的解决方案，如何借助高新技术及其产业趋势开发内容，如何使内容有最大化应用、增值是传统出版数字化战略的根本。

传统出版开发数字出版，应突破技术及盈利模式"拦路虎"

与传统出版相比，在内容之外，数字出版有两大核心：技术及盈利模式。这两大拦路虎，让很多出版企业纠结、困惑、却步，没有技术及盈利模式主导权，出版企业不仅要为作者做嫁衣，也要为技术商做嫁衣。用资本撬开技术的大门，将有一片新天地，但能做的只会是大型出版集团、少量顶尖出版企业，因为技术的投资大、风险也大。出版企业进行硬件及技术开发，应重点立足文化，求解内容嫁接应用及盈利方案，在文化的技术化应用与技术的文化属性提升，这两者的结合上寻求突破、创新，掌握现代出版的核心技术及盈利模式，彻底改变在新兴产业及市场中的"失落"地位。

传统出版发展数字出版，应突破单一媒介、静态阅读束缚

目前使用的终端阅读器，大部分都是游戏、影视互动，或者专业查询，主要是Ebook2.0模式。因此，3G阅读是一个很好的出路，互动阅读是数字阅读的趋势，iPad2功能也是综合利用，应着力开发适合数字阅读，特别是3G阅读，融合内容、教育与网络终端、影视等于一体的综合互动平台，利用一切形式呈现或传统、或现代、或固定、或模糊、或线性、或非线性的文化需求。

传统出版发展数字出版，应突破文化人才与技术人才壁垒

传统出版人才主要为文化人才，人才的培养、继承与积累也主要体现为文化性。在数字出版中，高新技术人才及优秀复合型人才的重要性凸显，传统出版与数字出版的人才鸿沟不断扩大，如何吸纳高新技术人才，发挥技术人才在文化产业的主动性、主导性，形成文化产业的技术性积累、创新，形成文化人才、技术人才以及复合型人才的互动，成为传统出版进一步发展必须突破的壁垒。

在新媒体领域要抢攻3G阅读

集团依托自有的出版传媒专业博士后科研工作站及上海研发中心，重点研发高新传媒技术和现代信息技术及应用。以3G阅读为主，同时开发各类新媒体产品，挖掘数字出版的合力和规模效应，是集团数字出版的主要布局。3G数字技术革命极大地颠覆了传统阅读模式，知识承载和书写不再被固定于纸媒，不再限于阅"文、图"，而是广及"阅听"、"阅视"，包括嵌入触摸手控、视频、音频、动效、360度视图、跨文本、超链接、在线升级等多媒体技术的混搭型内容，互动阅读无限拓展了传统阅读的概念、体验和市场。

技术创新是产业发展的根本推动力

技术创新的资金投入大、风险高，对出版单位的规模提出一定的要求。出版产业集团化形成较大规模，能够集中发展基金，加大项目投入、技术改造等力度，有利于增强出版产业的技术创新能力和新技术应用能力，运用先进适用的高新技术改造传统出版业的生产、管理和传播方式，使传统出版产业焕发新的活力，使企业提高了经营效益。

利用新媒体时要做到"4C"

即 Concentrate（关注）、Cultivate（培训）、Create（创新）、Cooperate（协作）。Concentrate：出版企业要有专门的人和部门关注行业相关的新技术、新业态，研究新模式。如有需要可组建数字出版中心，让技术人员、策划人员、市场人员、新媒体编辑合署办公。Cultivate：新的产业，需要具备新知识、新技术、新视野的新型人才来实施。Create：在利用新媒体时，创新是重要主题。新媒体技术的发展让跨界融合更加便利和深入，要深度研究已有模式，不断构思策划实施与新技术结合的创新模式。Cooperate：无论你制定了怎样的发展战略，也不可能通吃整个产业链，要善于和产业链的上下游结合，互惠互利。

数字出版发展，为未来阅读开辟更加广袤的想象空间

伴随着大数据时代的来临，未来阅读将是一个更广义的概念，不仅仅限于文字、图片，而是一个基于复媒体的泛阅读。未来阅读有两大特点。其一是无处不在，无所不读。随着乔布斯的苹果落地，带来了智能终端的迅猛普及，同时，这些智能终端也带来了移动互联网的高速发展，这二者的结合，使得人们的阅读越来越依赖于智能终端，也使阅读变得无处不在，无所不读。数字出版不仅要提供

传统的文字图片阅读内容，还要提供大量基于数字技术的新媒体内容。其二是内容为王，形散神不散。阅读方式可以各式各样，阅读载体也可以五花八门，但阅读的核心还是优质的内容，特别是符合用户不同需求的有价值内容。这也是出版的核心价值所在。因此，在数字出版大潮中，必须思考和回答的是：为用户提供什么样的内容，用户需要什么样的内容，如何实现在对的时间、通过对的方式、向对的人、输送对的内容。

未来阅读的三种形态

随着科技水平的不断提升、信息网络化的全面应用，以内容提炼为主体功能的传统出版业，已逐步迈向内容多元化呈现、多终端应用为主体功能的全媒体数字出版时代。未来的阅读方式将从传统的图书、期刊、报纸、音像、电子等形态的出版物，转变为以下三种形态：第一种是静态化阅读。这种阅读形式比较接近于传统的图书，主要是采用数字化技术将纸质载体变成电子设备，其内容以文字和图片为主，没有动画、视频等新媒体表现形式，被业界称为Ebook1.0。第二种是互动式阅读。这种阅读是伴随着平板电脑的产生而出现的，采用了图片、文字、音像、视频等多种表现形式，并伴有人机交互，被业界称为Ebook3.0。这种阅读不像传统图书仅有文字和图片，给编辑更多的发挥空间。这种情况下，编辑更像是编导，能够将声音、图像、互动体验设计在图书之中的导演型编辑。这种阅读更多应用在艺术、教育、娱乐、休闲等领域。第三种是数据库阅读。将阅读内容碎片化后，通过语义标引，组织好碎片内容间的关联，以数据库的形式存储，为用户提供服务。根据用户的搜索需求，找出满足条件的数据内容，这种方式也叫按需出版或动态出版。这一方式主要在专业出版领域应用较多。

数字出版产业链分析

以出版企业为代表的内容提供商处于产业链上游。主要进入壁垒为出版行业的许可证制度，风险在于出版资源处于分割状态，市场集中度较低，版权保护较弱。但在出版社改制为企业后，普遍加强了对版权资源的整合和聚集。能够抓住行业改制机遇，快速收购优质内容资源的企业，无疑会占据发展先机。网上平台与无线下载传输和数据处理，处于数字出版产业链中游。网上大型综合性发行平台的缺失，正是目前国内数字出版的一个薄弱环节，也将是未来各大运营商试图整合的关键环节。拥有内容和牌照资源的内容提供商、拥有移动用户规模的电信运营商、拥有电子阅读器终端用户的硬件提供商，都有可能加入网上发行平台的建设。终端设备提供商处于产业链下游。主要壁垒为资金和技术壁垒，且市场化程度较高。一方面，内容创作环节极度分散的市场竞争格局，给产业链下游的设备企业向上整合发展，带来很大难度；另一方面，电子阅读器市场的巨大潜力和高毛利，将吸引更多的各路厂商跟进。

羊毛出在狗身上

出版只是模具和工序，做出版要深度挖掘资源，把产品做精、做细、做到极致，实现内容一次开发、多次利用，一种投入、多种产出，一次制作、多渠道发布，把资源的价值"榨干吃尽"。

"羊毛出在狗身上"也是一种创新。找到出羊毛的狗不容易，书出在电视、手机、游戏、玩具、旅游上，都是"羊毛出在狗身上"，这是一种产业运作和对主业的反哺。

文化产业要面向大文化

文化产业多元化的发展很有前景，要加强对多元文化的投资。文化产业的范围很广，包括游戏、图书、演艺广电、数字网络阅读，这些都是文化产业，广告、旅游、体育也都是大范围的文化。现在一个电影出来，后面总是有一个电影投资公司、一个电影制作公司、一个创作单位，这就是组合体。比如我们集团的出版单位，就在逐渐把自己的图书往影视上嫁接。影视产业也直接在图书出版单位寻找自己的资源。出版做影视，重在把自己的图书内容变成适合的剧本，编剧是主要方向。

产业融合才能闯出新路

未来支撑文化产业大发展的出版企业，重点要在文化和企业、文化和商业融合上闯出新路。出版企业要更加主动探索智力、资本、技术等生产要素参与收益分配，建立更活的内部经营机制；

主动挖掘文化的创意力、嫁接力、整合力和增值力，大规模开发文化与创意产品、服务与产业链，靠创意和智力推动发展；主动采取区域联盟、战略联合、异地设立出版和发行分支机构等方式，实现跨地区、跨行业、跨所有制经营和发展，扩大规模，增强实力；主动加大人才培养力度，吸引各类高精尖人才、新技术人才和复合型人才；主动加大 3G 阅读、电子书包等重大数字工程研发，数字出版必须与电子商务结合，传统出版必须与商业结合，实现文化与科技和商业融合共赢；主动与其他行业嫁接，扩大资本通道、盈利，反哺主业，放开文化产业内部垄断（至少文化产业内可以内容为主线放开经营）。

现代出版的变化趋势

面对多元内容、多元阅读模式和多元阅读体验，纸质图书的出版必然经受冲击、经历变革。这种变化一是改变传统的出版模式。经营图书要向经营资源转变，出版是一种市场化产品研发，而不是"来料加工"，要立足市场和阅读需求，提升创意和策划度，在内容和形式上进行挖掘、创新，不断丰富阅读体验。出版不能靠资源吃饭，未来会有更放开的竞争，资源将使出版社发展受到局限，出版会出现由出版企业转为企业出版、全民出版，只要有内容，只是方式方法不同。二是改变传统的运营模式。纸质图书的出版只是一次研发和应用，出版后必须谋求并实现二次或者多次研发和应用，充分利用图书的内容和版权，向多媒体和多载体进行拓展嫁接应用。

改变出版社加工或模具功能

很多出版社缺少原创，只是工具、模具，大部分只是来料加工单位。数字出版发展到一定阶段，要不要出版社还是个问题。因为出版社就是资质、是模具。原创不是你做的，市场你也控制不了，只是从你这过一下，沾沾潮气。作为市场主体，要生存、发展，就不能仅仅局限在内容加工，而是要进行创新、挖掘。出版社重在研究原创、挖掘，以内容为主，注重务实合作，不要面子合作，注重"三防三抓"，即防浮躁、抓内涵，防投机、抓积累，防封闭、抓创新。

专业化是出版社进行内容策划、加工的第一原则

首先，市场越成熟，分工越细，专业化就越能区分市场，越有内容话语权，随着数字阅读的发展，各种专业化、功能性阅读必将兴起；其次，发挥内容策划、加工的主导性作用。数字化时代内容创作、出版、阅读之间的距离与界限大为缩短，不立足市场，不参与内容策划及加工，简单被动地拿来，出版社就没有核心，就很难有竞争力。

内容增值

传统出版产业内容积累虽然是先天优势，但内容本身并不直接产生效益，只有借助高新技术及可靠的运营模式，推动内容最大化应用、最大化增值，才是传统出版数字化战略的根本。

图书立体开发重在内容的跨媒体嫁接

根据当前读者的消费习惯和信息接收渠道，结合出版物的内容性质，积极运作跨媒体嫁接，实现图书出版与影视互动、报刊互动，实现互联网宣传与报刊、广电宣传相结合等，有效提高出版物的内在质量和扩大出版物的传播范围、接触点。充分利用图书内容资源特点，建立专业数据库，积极开展信息咨询服务、组织培训工作，等等。积极做好跨媒体经营的准备工作，努力打造跨媒体、全流程的现代传媒集团。

一次开发多渠道销售

目前国内外渠道之争的格局主要由通信运营商、手机终端商、阅读器与平板电脑生产商三分天下，出版集团应该专注于互动阅读数字内容的研发，只有不断提供高端品质且有规模保证的"未来书"，通过一次对内容的开发和多次对软件的转换去适应各种渠道的销售，才有可能在新的产业链中找到位置，体现内容为王的核心意义。电子书阅读器、平板电脑、云计算的问世，已经触发新一轮数字出版竞争，在此大环境下，尽快建立"未来书"互动阅读基地，是抓住第二轮机遇的战略决策。如果我们未雨绸缪，率先研发互动阅读内容，就有可能重振专业出版的权威，抢回正在丢失的市场份额，让"数字原住民"重新回到纸质书时代的专注和深入，把他们从原来的浅阅读拉回深阅读。

深度挖掘，多次开发

文化资源最大的特点是可以一次生产、多次开发和重复利用，可以在多个出版平台上进行全方位、立体式、深层次开发和加工，把文化"初级产品"拉长为"精深产品"，可以最大限度地开发文化资源的商业价值和文化价值。

在内容领域要"蓄水养鱼"

立足长远，坚持包容并蓄，重点在占有及应用上下功夫，通过策划一批文化底蕴深、多元利用价值高的原创高端文化工程，策划一批面向社会、潜在市场需求大的大众精品，全面推进集团自有版权资源数字化，以及量身打造数字化原创内容精品等方式，蓄深水，养大鱼，力争形成内容资源占有的规模化效应、内容资源应用的先导效应。

整合运营平台最关键

整合运营，就是要建立内容复合开发、多媒介呈现、多渠道嫁接的全产业链有效运营模式，形成融合出版社、技术服务与运营商以及其他内容需求商的开放运营平台，只要有需求，就能运营操作、解决，让内容有最大的加工、嫁接、增值空间。

创新与转型，重在搭建两大平台

任何一张报纸，都是以盈利为目的，生存第一位。报纸的盈利点，不仅在于内容的设计，还在于广告、活动、会展、行业评比等营销活动的开展，在于平台，在于对报纸内容的"分拆"以及再次传播。做出版也是如此。做图书未必很赚钱，但围绕图书的生产链能赚钱。

我们的报纸寻求突破，要以"新"树品牌、向市场求效益，重点搭建两大平台：第一，做好报社这个平台。报纸，不能是只做报纸的报纸，而应是做好报纸所有产业的产业，每一个部门都应息息相关，每一个环节都是"生财之道"。报纸虽然具备社会公信力，但要靠营销提高其品牌影响力，而不仅仅是依靠报纸本身。第二，做好数字化平台。做报纸的数字媒体，不是让报纸转型到数字媒体，而是应将报纸内容重新分拆、且通过其他载体再次传播。报纸的数字媒体，应该是一个信息转换的平台，内容积累的数据库。即使这种价值暂时无法显现，将来评估起来也是价值无限。

影响力 = 内容的角度与深度、选择与定位

要提升报纸的内容影响力，角度和深度至关重要。报纸与网络最大的不同，在于其内容的可靠性。报纸是深层次阅读，网络是浅阅读。全世界的中产阶级，获取重要信息都会选择报纸，而非仅靠网络。

要提升报纸的内容影响力，内容的选择和定位也很重要。报纸要解读现状、解读品位，有几件事情必须要做：第一，国家政策、大政方针需要解读，这个必不可少；第二，民生不一定要反映，但要解读；第三，人文解读，做娱乐也要赋予人性的色彩。

"妙笔"在手中，"生花"就不难

无论是做出版，还是做传媒，内容至关重要。内容就是阵地，就是能掌握的话语权。拿报纸来说，一个有分量的报纸，影响力不在于它的发行量是多少，而是在于它说出的话有多少人关心。

报纸的每一个版面都是资源、都是财富，都是品牌，其影响力的打造，就在于记者和编辑能否"妙笔生花"。"妙笔"在记者和编辑的手中，"生花"则是报纸内容的衍生物。

珍珠，只有串成项链才能体现价值

我们办报纸的记者、编辑，不能把自己的思想局限在当天的几份稿子上，要重视信息资源的日积月累，积累资源就是积累财富。要学会在一盘散沙中披沙拣珠，然后把它们串起来做成项链。不是项链就没人要买，谁会买一粒珍珠呢？你把10粒成色一般的珍珠串成项链，其价值会比1粒璀璨的明珠更高，因为珍珠串成项链就能进入市场，珍珠的价值就能充分体现出来。"天下文章一大抄，就看会抄不会抄"，抄就是分拆、就是整合。为什么现在人们都喜欢读"文摘"类的报刊，因为那上面的知识是从海量信息中分拆、整合出来的，迎合了当代社会的"快餐文化"需求。所以，记者、编辑要做有心人，按照一定的意图，把同类知识信息摘要积聚起来，形成数据库。三五年之后，你就会体会到这个数据库是一个藏宝库。

经贸中有文化，文化中有经贸

经贸可以运作文化元素，文化必须在经贸中延伸运作，这是现代产业视野的必备要素和发展逻辑。文化是世界性的，经贸是全球性的，文化产业必须定位在文化与经贸的坐标上，推动文化与经贸融合；要面向全世界，依靠大文化，发展大经贸，用经贸带出文化，用文化带动经贸，在全球竞争中赢得文化地位和经济地位。

文化产业发展的外向型原则

外向型发展是传统文化企业转型升级发展的试金石，不论哪一种发展模式和运营方式，全球性的文化传播能力与国际化的发展能力，是我们的重要任务。文化企业的"走出去"发展还是要靠国家投入、企业经营，文化企业要随国家发展大格局到海外发展，随工商经贸带动文化走向海外。

转型升级的"走出去"战略

围绕"提档、扩面、上台阶"三个方面，进一步巩固集团文化"走出去"优势地位。提档就是加快"走出去"速度，扩面就是拓展"走出去"的国家和地区，整体提升集团的海外辐射力和传播力。上台阶就是超越版权贸易与出版合作，提升"走出去"的水平和层次，开展文化交易、进料和来样加工等业务，减少交易环节和成本，推动"走出去"转型升级。

大市场、大格局的国际视野

"走出去"首先要转变观念,抓大局,看长远,改变眼光向内不向外的产业发展旧观念,坚持大市场、大格局的国际视野。其次,"走出去"要有文化大局考虑,不仅仅是图书"走出去",而且是文化及文化产业"走出去",出版只是其中一部分。"走出去"要坚持实体走出去,要有根。其三,坚持创新观念,勇于尝试,积极打造"四种力":1.培养专业化人才队伍,增强国际合作的执行力。着眼长远,储备具有专业八级外语水平人才,设立国际合作部门和版贸专干。设立专项资金,专门用于输送专业人才到国外实习深造。积极打造一支年纪轻、观念新、专业强、素质高、创新能力强,与国际化要求全面接轨的对外合作队伍。2.抢抓各种展示机会,增强国际合作的吸引力。如图书博览会、动漫交易会、玩具展、专业产品展等,广泛邀请国际客商来考察、交流、洽谈合作,创造更丰富、更有效的合作机遇,在产业链上寻找新机遇、新伙伴。3.建立国外产业基地,增强国际合作的竞争力。4.研究全球文化产业发展规律,增强国际合作文化融合力。

"走出去"要上层次、提档次

"走出去"是集团发展的特色和重点,每年都要添新亮点,都要有新进展,确保领先地位。要提前布局,争取主动,加大文化产品和文化服务"走出去"工作力度,在质和量上有新提升,在点和面上有再突破。要增强大局意识和全局意识,统筹出版主业和多元产业"走出去",推动国际合作在深度和广度上拓展。

顺差还是逆差

出版物实现顺差或逆差,不能真正衡量"走出去"质量的好坏,也不能说明文化"走出去"的影响力。不能为了顺差而顺差,为了

"走出去"而"走出去"。我们不应该仅仅看重产品输出的数量顺差，更应该看重"人才顺差""创意顺差""商业理念顺差""文化价值顺差""扎根顺差""走进去顺差"等，要让我们的文化产业人才快速成长，逐渐走向全球文化产业最前沿；让我们的文化企业快速超越，在全球文化产业市场独领风骚；让世界看到我们是在依靠自己强大的创意力量赢得世界，向世界传播最优秀的文化和价值观。这种顺差，才是我们文化"走出去"真正追求的目标。

"走出去"靠什么

"走出去"靠的是丰富的优秀创意、优秀产品，靠的是企业实力的壮大，归根结底还是产业整体水平，是全球化、市场化的发展理念。这就要求注意文化"走出去"方式。"走出去"一定要产业"走出去"，要实体"走出去"，要有根，诸如文化、观念、市场、人才、经营模式要扎根。

"走出去"要非常专业化、国际化

文化产业国际化是大势所趋，人心所向。文化竞争、文化责任、产业发展、资源开发，都要求我们必须面向国际。文化产业国际合作必须研究国际市场，把握各国经济发展形势、文化传统、产业政策，深入了解国际文化市场需求。要在人才、观念、产品等方面做好充分准备，培养专业化人才，增强合作执行力。提高人才的"走出去"能力，必须"走出去""送出去""推出去"，让人才参与国际文化贸易商务实战，在实践中锻炼，在合作中成长。通过实际操作，提升人才的国际化视野，培育国际思维；锻炼语言能力，提升沟通洽谈技巧；熟悉境外文化，增强社交涵养，推动人才与国际要求全面接轨。

以产业模式推进海外宣传

根据国内外文化交流日益频繁、国内外出版物市场趋于统一和国家对外文化交流的要求，出版企业要多途径加强海外宣传。除直接输出版权、出版物成品出口外，还可通过积极争取国家对外出版翻译基金的支持，自主聘请海外知名汉学家或国内一流的翻译学者，或成立翻译团队，积极翻译推介本版出版物。要加大海外出版投资力度，通过并购、参股、控股等方式，设立海外出版中心，直接开发当地资源，拓展海外市场。

文化是进入人心的事

外向型发展是出版企业转型升级的重要途径。只有提升全球跨文化传播能力，参与国际分工合作，才能促进转型升级。文化是进入人心的事，只有随着频繁的日常生活、常态经贸走入海外，文化才能促进对外交流沟通，提升国家影响力，提高市场覆盖率。文化"走出去"，重在输出价值观，重在海外市场经营。

"走出去"参与全球文化创造和贸易

要深入参与全球文化创造和贸易，推动文化贸易和文化价值逆差双缩减。"走出去"市场大、机会多、模式多元。出版业将更加注重发掘中华文化和世界文化的融合点、共振点，积极参与全球文化创造，推出一批具有世界性的中国传统文化和当代文化精品。文化产业会突破过去单兵作战的国际合作方式，更多地与商品贸易、国际投资、经济技术结合起来，更多地利用当前高新传播技术，与新媒体、新技术、新业态结合起来，开拓更大的国际市场，不仅缩减贸易逆差，更缩减文化价值逆差。

"走出去"，介入国际文化产业体系和产业转移

要深度介入国际文化产业体系和产业转移，创设一批海外文化产业实体和基地，通过新设、收购、合作等方式，创设一批境外出版经济实体，迈出海外经营的实质性步伐；并以出版为中心不断延伸产业链，建立集培训、旅游、服务、分拨中心于一体的文化商业基地。

全方位的国际文化产业合作

出版企业要围绕出版主业，开展全方位的文化产业合作，吸收全球优秀文化精髓，提高中国文化国际传播力，重点打造版权引进与输出、合作出版、文化产品设备进出口、资本合作等相互支撑的国际文化产业与服务贸易产业链，逐步发展成为一个以文化为核心的国际经贸企业，以国际经贸为核心的文化企业。

"走出去"要抢抓机会与渠道

要抢抓各种展示机会，增强国际合作吸引力。抓住一切可能的机会，利用一切可能的渠道，在国际上展示中华文化的独特魅力，吸引国际合作者的兴趣。不仅要参加各种国际大型书展，还要积极参加动漫交易会、玩具展、专业产品展等各种相关国际展会，在产业链上寻找新机遇、新伙伴。要参与各种国际文化合作项目对接，创造更丰富、更有效的合作机遇，大力开展与国际著名出版传媒集团互访交流合作。

"走出去"要拓展新领域

要研究全球文化产业发展规律，增强国际合作文化融合力。文化产业国际合作要有所突破，必须创新。文化产业应该突破过去那种单兵作战的国际合作方式，更多地与商品贸易、国际投资、经济技术

结合起来。出版内容资源应该充分利用当前高新传播技术，与新媒体、新技术、新业态结合起来开展国际合作。

"走出去"要了解境外文化

应当熟悉双方文化背景和历史传统、专业水准、消费习惯、阅读习惯、经营实力和方式，对引进与输出的版权应当能做对口性改编，甚至是重新创造，注重文化融合互动，找到兴奋点、沟通点、需求点，适销对路。引进英语阅读类期刊版权，要在吸取和精选原文精华的基础上，加以"本土化"改造，实现与中国市场的完全融合，使读者不仅能品读西方文化，而且能提高阅读兴趣。

出口拉动产能，促进销售增长

文化必须"走出去"。我国文化产业一方面市场容量有限，价值不高，再投入乏力，另一方面也出现产能过剩，严重虚胖，又无其他市场容量去消化，导致竞争激烈。国内过剩的文化产品并不代表国外不感兴趣，"走出去"可以突破国内的市场空间，扩大价值实现。

文化"走出去"一定要有根

根，就是能走出去、扎下根、长期做，能被接受并喜欢。应由国家投资、企业运作，过渡到企业投资、国家扶持，再到企业完全占有国外资源。文化产业与一般的商品出口不同，一般商品可以铺天盖地出口，文化产品不能这样，必须有根，扩大文化产品国外市场容量，促进我国文化产业发展，而且能反哺其他产业。

在考核机制上，对于"走出去"要有特殊考核办法要求，改变企业因保证国有资产保值增值的压力而不愿大胆投资海外经营的状况。因此，"走出去"也要注意防范提篮小卖、夫妻老婆店，注意企业文化对接、经营方式对接等问题。

创新文化"走出去"要创新理念

以"走出去"壮大实力，以国际化加快发展速度，跳出出版做出版，谋划全球大市场。促进资本、产品、版权、海外办实体四个方面联动发展，实现由单一的版权输出到多元化产品出口、由单纯的产品进出口贸易到全方位的国际合作、由单一图书实物出口到文化服务贸易、由单一文化输出到多层面资本输出转变的成功历程。

"走出去"的发展趋势

在海外，文化"走出去"，千万不能提篮小卖、开夫妻老婆店、"赶自家牛，耕别人田"，要成建制，有投入，有管理，有市场份额，有文化价值观输出的目标。由文化硬件到文化软件的过渡，由"走出去"到"走进去""融进去"。目前，"走出去"主要局限于版权引进与输出、出版合作、文化产品进出口等，随着进一步"走出去"，将以市场化运作文化"走出去"，开展更多的资本合作、海外并购，在海外扎根，融入当地文化，传播中华优秀文化。

文化产业需要"走出去"扶持政策

应加大文化产业"走出去"政策扶持力度，鼓励各类产业形态和文化企业模式，争取在国外设立分销中心，争取海外发展基金。政府应在世界主要国家使馆文化参赞处派驻文化产业专员，在国内各大区域设立特派员办事处。

设立文化产业"走出去"专项资金

中央政府要设立政策性引导专项资金，解决文化产业投入来源问题。发挥专项资金的杠杆作用，鼓励和支持重点文化企业和项目"走出去"。成立专门的政策性银行和保险机构，提供金融支持和担保，帮助企业预防和化解市场风险。支持文化企业在境外上市或在国内发行B股获得外汇后，到境外投资。

成立文化产业"走出去"专业机构

小打小闹、提篮小卖走出去，看似千军万马、天女散花，但支撑不了多久，成不了气候，在海外容易被边缘化，根本没有话语权。要借鉴吸收工商企业走出去的经验，通过国家投入、企业参与的方式，或者企业投入、国家补贴支持的方式，设立国家文化产业海外投资集团，成建制、"兵团式走出去"，不能碎片化、简单化。

组建文化产业"走出去"专门基地

"走出去"一定要在海外设点扎根、立地生根，这样才能增强造血功能，才能可持续发展。通过在海外多演出几场戏、多翻译几本书、多交易一些版权、多播放几部影视剧，向100多个海外国家50多亿人口（除中国）传播博大精深的中华文化，只能是浮光掠影、蜻蜓点水。要更多地运用商业化、市场化传播行为，不要全靠政府拿钱。要在我国投资、援外、海外贸易的重点区域，在中国文化渗透较好的地区（如海外的中国龙城），在欧美发达国家、自由贸易港（如迪拜）、与我国开展建立自贸区谈判及互惠关系的地区（如东盟），建立文化产业走出去基地，对内吸引整合全国文化企业资源，对外集中展示和输出中华文化。

实施文化产业"走出去"专项考核

对国有文化企业海外投资，要制定和完善相应的考核机制，注重长远，不能急功近利。既要考虑国有资产保值增值，又要有战略眼光，充分考虑海外文化市场培育周期较长的特点，把考核周期放长一点，给一定时间的宽容期，甚至在考核周期内允许试错。

探索文化产业"走出去"的专业模式

读书学习是人与生俱来的生活习惯和基本生存方式之一，读书消费在海外具有广阔市场。因此，我们建议，在文化企业中，以出版传媒业为试点，重点支持打造海外文化产业基地，采用设点办企业、收购兼并、控股参股等方式开展境外投资合作，既开拓国际文化消费市场，也引进和培养人才，学习海外知名文化企业经营模式，改变单一的版权输出模式，逐步建立一套具有国有文化企业特点、适应海外文化市场需求的运行机制。

"走出去"要实现突破和转型

突破什么，转什么？突破，是一种作为，就是突破简单的版权合作的概念，走向多元化、多层次的国际合作；转型，是一种行为，就是从简单的版贸洽谈，转向各种方式的文化活动，转向重点突出的多元放射。转型本身就是在技能上、在合作方式上的突破。

转型，眼界要更高，创意要更多，活动面要更广，交易方式要更活。要根据出版社自身条件与特点，寻找国际合作的切入点。在国家鼓励出版"走出去"的早期，我们集团抓住机遇，占据了先发优势。但"大部制"以后，不会再是这种简单的思路，一定是一个国际文化合作的局面，因为是"新闻出版广电总局"，所以"走出去"肯定要包罗万象。出版社不能再满足于做程式化版贸，程式化会慢慢消融你的积极性，你的故事、你的影响力会随之消失。

"走出去"，从版权输出向国际合作转型

现在的出版社，还局限于版权输出，国际合作的概念、意识还不是很浓。国际合作就是一本书的价值要多元开发、多元嫁接；转型就是要转到国际合作和多元形态这个台面。输出的版权一定要有创意，一定要重新设计一个思路，为国外的读者重新改写；要有目

标地策划甚至打造，或者双方联合打造；要善于把握"西方人眼里看东方"的文化视角，满足老外的阅读感觉。

国际合作要有各自的主攻方向，注重与国外类似的机构对接，变成一个友好的机构，一个姊妹社；国外的这个姊妹社始终是你最大的国际合作伙伴。这样，就等于造就了你在国外的一条腿。不要普遍撒花、联系一两百家出版社，每个出版单位就认准一家出版社，每年就做一两套书，向它推荐，进入国际版贸市场。

"走出去"，要创新多元合作模式

"走出去"，要创新多元合作模式，真正走进国外市场。特别是教育类的图书，肯定会有更多"走出去"的机会。国际合作不能限于书"走出去"，"走出去"不见得能把书卖出去，关键是观点要走出去、交易方式要走出去、合作方法要走出去，就是要在守正出新的基础上，创造更多的合作平台。有些书也不一定要卖版权，只要你翻译得好，可以直接和国外的书店联系销售，线上、线下结合做。可以专门为国际合作创意选题，向全世界的大学生发布中国故事，根据他们的不同需求，定向制作，如生日定制、感情定制、毕业定制。要创新思路，寻找抓手：和谁合作？合作什么？开展什么文化主题活动？

国际合作：多元化放射、多元化创意

多元、生动的国际交流活动很重要，也能整体提高国际合作水平。教育出版社可以有重点地找几所国外的大学，开展留学生互动，教程、语言、图书都可以互动，那么教育国际合作因此就会有起色。文艺出版社可以邀请一些作家到海外参加书展、办讲座。少儿出版社参加意大利博洛尼亚书展，带一批幼儿园老师和孩子去，母亲也可以跟去做亲子活动；这样一来，你在那个地方的形象，全世界都可能报道。同样，可以组织意大利博洛尼亚的孩子来国内参加少儿

活动，组织中学生、大学生搞冬令营、夏令营。

国际合作，关键是决心、是行动：这件事就这么做，就站着做，今天就做这一件事，这件事就做成了。就像下雨，不仅要下毛毛雨，还要下瓢泼大雨，对准一个点不停地瓢泼，把它下透。

国际合作：为了扩大影响力、创造更多资源

作为出版社，图书"走出去"的目的无非两个：一是提升产品的国际影响力；二是开拓产品国际市场。国际合作，会创新更多资源。有些资源拿来后，不一定马上会有效益，但要有影响力。有一本引进的书叫《医学的发现》，国内可以运作一个数字版的《医学的发现》，与国外这类著名的医学科技杂志合作，建立医学科技研究的数据库；有了数据库，就可以在网上交流；所有的交流，由数字版跟踪，又形成新的数据库，就可以出版新的《医学的发现》。信息不断滚动、累积，泡泡越吹越大，资源越聚越多。安徽少年儿童出版社引进了一套少儿图书叫《美国国家地理》，反响很好。我们还可以尝试为美国人做《中国地理》，做《中国历史百科全书》，做数据版图书，向美国社会介绍中国的历史文化和人文地理环境，吸引美国人对中国文化的关注，扩大我国的影响力。

资源启发创意，创意引导资源

不要把出版社的"出版"两个字看得太重，因为很多"走出去"的文化产品，是不是出版社的不重要，重要的是"走出去"的形式和内容，是有创意的产品。做出版，要走两条路，一个是资源，一个是创意。一定要在资源和创意上狠下功夫。资源可以启发创意，比如，《四库全书》《资治通鉴》，老外不一定能理解这两部古籍书的意境，不妨把它简化、改编成英文版的，paraphrase（同义转译），重新写一个故事，当礼品什么的来做。中国很多的历史文化、非物质文化遗产，都可以整理创新、重新来做。

游戏品牌"愤怒的小鸟"的经营运作，对我们就很有启发，游戏供应商通过做书，把版权拿出来单独授权，使"愤怒的小鸟"这个品牌的价值无限延伸。我们为何不能利用《儒林外史》《聊斋志异》这两部名著的阅读资源，打造"儒林一条街""聊斋一城堡"，输出儒林文化、聊斋文化呢？这两部书也许比四大名著更能吸引外国人，因为四大名著中最吸引西方人的是《西游记》，最吸引东方人的是《三国演义》。《儒林外史》和《聊斋志异》可能更符合西方人的文化欣赏心理，尤其是《聊斋志异》，淡化一些惊悚内容，添加一些娱乐元素，添加一些音乐、美术元素，也许能开发出一项很好的旅游项目。

国际合作，要注重运作文化活动

国际合作，必须从思想上真正实现转型，注重与国外联合举办文化活动，探索国际文化活动的运作方式。比如，电子出版社，与美国的一些教育电视台、大学电视台做一些合作的教育开发项目；教育出版社，与美国大学开展互派留学生、互动研究西方美学及中方留学生教育活动；科技出版社，把医生组织起来，到国外的医学院进行医学交流、培训，把外国医生请到国内来交流、讲学；文艺出版社，尝试搞音乐，与外国音乐团体举办大型乐谱活动、演奏表演；美术出版社，尝试与国外的大型艺术馆合作，与中国的艺术品拍卖相结合；意大利博洛尼亚书展的主题是少儿出版物，可以在那个地方设一个专门的点、专门的书店。

国际合作，要展示你最亮丽的一面

曾经有一家专业旅游网站，做过一次海选全球最佳的10大景点活动，结果居然有10万人上传的图片是泰国曼谷机场，而中国的长城竟然很少有人上传图片。所以全世界海选出的最佳10大景点，第一名是泰国曼谷机场。虽然这种海选并不准确，但曼谷机场出名了，很多人都去那里旅游。这就启发了我们，要把自己最亮丽的一面放到国外时政网站、旅游网站、文学网站上，去展示、做宣传。书也好，礼品也好，艺术品也好，企业形象也好，员工培训也好，国际交流也好，总之，让企业的形象走出去，让图书品牌走出去，让中国优秀文化走出去，让全世界人眼睛一亮。

"走出去"，向世界推介中国优秀文化

出版社"走出去"的切入点在哪里？每个出版社选择都不会一样，侧重点都不能一样。比如文艺出版社，切入点可以是两个：一是物色和培养有潜力、也许能拿诺贝尔奖的作家，坚定这个目标去寻找好作者、好翻译；二是把社会影响面大、符合老外阅读感觉的中国作品找出来，翻译后向海外推介，让世界了解中国当代作家及其作品。读书，外国人与中国人的感觉不一样。美国西点军校有一个著名的校训：责任、荣誉、国家。围绕这六个字开发的书，就很有吸引力。为什么美国《心灵鸡汤》之类的书那么多？富有哲理的书，分析经济、社会、市场的书那么多？我们现在输出的主要是生活类的、文化解读类的，而真正深层次的中国文化还没有"走出去"。要了解外国人的认知心理和阅读习惯，选择具有这种写作风格的作家和翻译家，选择富含这类文化元素的作品，把握民族文化走向世界的切入点。

打造平台：让文化交流像心灵鸡汤一样慢慢滚动

建立网络平台，尝试新媒体的那种无边际、无国境、低成本的探索。把阅读内容向网络平台上积累，哪怕现在不赚钱，积累了5年的东西也成了出版内容；即使网站不出名，上面的积累也是宝贵的财富。有些事情，一定要做得让全世界感兴趣。例如，汽车的设计是有专人在国外招标设计，要设计一个发动机外壳，你在网上一经发布，全世界会有上万人为你设计，然后招标选择。出版也一样，

内容更是要向全世界招标。你想到的海外选题、国内选题、少年儿童选题、历史选题，都可以在网上发布，让人不断地写，你不断地积累资源。

现在国外社会喜欢探讨两个问题：心理问题和哲学问题，很多书都涉及这两个问题。可以以此建立网站，谈人生啊、立志啊、回忆啊、旅游啊、感情啊、家庭啊，就像心灵鸡汤一样慢慢滚动，用中国人的沟通方式和外国人交流。可以每天策划一两个话题在这个网站上发布，引发议论；这些交流的内容，日积月累，整理后就是一本书、一套书，书名不妨就叫《中国眼》或《中国观点》或《中西文化的冲撞》。

引进与输出，要寻找阅读兴奋点

不同生活环境、不同文化背景的人，阅读兴趣不一样。引进，要研究中国人的欣赏口味。国外有一种书叫 Master-Piece，Master-Piece Collections，里面选编的都是经典文章，细细品味，很有嚼头；《华尔街时报》《基督教箴言报》里面有些内容，也符合当代中国人的阅读兴趣，在网上选一二十篇，整理一下，通过版权交易，出版图书，会很有价值。海外很多网站上的内容，像 facebook（美国社交网站）上的内容，重新整理一下，就变成 Twitter（推特）上的片子。输出，要研究外国人的阅读感觉。国内网站上也有很多优秀的文艺作品，有很多个人的微博，配音乐的、配图片的，的确很漂亮；把它们整理出来，变成中国阅读经典，向海外推广会很有影响力。国外的图书馆，如美国有 10 万家，他们不一定要英文版，很可能只要中文版，因为图书馆要原文收藏。某大学有位博士在网上做了一个"闲趣坊"，就是上传一批作家写的各种闲趣文章，比如新潮的服式、淡雅的服饰、精美的装帧印刷图案，有一定的影响。这些话题在中国是小众阅读，在国外也是，但它颇具影响力。

版权贸易要讲影响力，更要讲效益

版权贸易也包括版权引进，不要光想版权输出。版权输出，不一定就能赚钱，不一定马上就会赚钱，眼前利益可能只是影响力，是社会效益。经济效益主要在引进上，有出版企业专做引进书，全部是翻译版书。它也一定赚钱，版税再高也会赚钱，关键是有本事找到这类书。到法兰克福、到伦敦参加书展之前，就应该和一些大的出版社联系，了解他们准备推荐什么书，哪些版权已经卖了，哪些还没有；然后重点审视一些书，拣我们看好的，把它谈下来。从做书的水准来讲，东方的书确实还不如西方的书，从哲理上、内涵上、影响力上、教义上，的确现在还没有到那个层次。为什么引进的版本好销？第一，西方的很多阅读内容，引领了世界意识形态和文化；第二，它的文风、笔调、表达也非常新奇，看问题的角度跟东方也不一样。

海外并购的文化顾虑

海外并购目前存在两难的境况：一是海外并购的机构都比较大，一般出版企业资金难以承受；二是海外不少机构对我们还是有一些顾虑，国内企业对海外并购也有很多顾虑。很多美国公司都在卖（股权），卖是重组，也是重新整合，但都是把远期的预期价值和以前实现的品牌价值，加在一起评估的，涨价幅度较大，有泡沫，收购一年后就会大幅度缩水。所以，评估的东西很难说，一个是品牌问题，一个是十年后的预期问题。而对于文化领域来讲，并购的预期效果就更渺茫，更难把握。与其在那里下这个功夫，不如到那里去创业。我们的思路是：集团先去创业，成熟以后，集团所属上市公司再去并购。集团好比是蓄水池、助跑器，尝试阶段都由集团运作，成熟以后再让上市公司接手。

做企业
　　要像企业
力争做个
　　好企业

Thought·Awareness

企业管理是分分秒秒的事

这个世界，你不能出错；出错，成本太大，甚至被淘汰。管理要实在，要有眼光，要下功夫，要从小事抓起、从身边抓起，一刻都不能放松。管理就是效益、就是成果、就是发展，管理就在分分秒秒间，错过了合适合时的管理，就错过了机会，就失去了效益。

发展要靠管理

有管理才有前（钱）途，没管理就没有发展。任何事情都是管出来的。发展了才有得管，管好了才有发展。要不辞辛苦地管，最终得益的就是我们自己。放开思想去干，不能有思想压力。不要把时间花在谈过去上，这会牵扯到很多历史问题，不要谈，就像小平同志说的：发展是硬道理。先坐到一起开始干，历史的问题放一边。只要发展了，什么历史问题慢慢都能解决。随着时间环境的变化，猴子都能变成人，我们还怕什么。

企业管理一刻都不能放松

管理上严一点的老板最终给大家带来的是福利。那些喜欢好话不断的、天天都对下属安抚的老板，最终会把企业搞垮。凡是企业发展好的，当老板的都有一个最大特点，就是从来不放松市场，不放松管理。因为你一胡马上就出问题，胡多了企业就垮了。那么多国有企业是怎么垮的，都是当老板的没有尽到责任。你毁的不是你自己，毁了多少人啊！一个人三十多岁正是家庭稳定、孩子上学的时候，你把工厂毁了，多少家人要骂你啊。三十多岁的人上有老下有小，孩子要上学，老人要赡养，家里可能还有人下岗，挣点钱养家糊口多难啊。当老板的不仔细，当部门负责人的不仔细、不认真，最终是要受惩罚的。一个企业内部只要出一点毛病，整个企业就会垮掉。是不是该有这么多废品，废品的处理是不是透明，结算是不是清楚，是不是节约了；领导班子在策划上、决策上、发展规划上怎么合理使用这么多资产，怎么运作好一点，这些都是我们日常要注意的。管理无小事，工作要尽责。

企业管理的四个抓手

打造一个模式。做强企业、做大产业。围绕企业进行产业链延伸和扩展，搭建企业与整个经济产业嫁接的桥梁。同时，把多元产业作为人才的蓄水池和培育新媒体、新技术、新业态的孵化器，用企业发展提升产业，用产业支撑和反哺企业。

完善一个机制。建立健全激励、约束和保障机制。岗位凭业绩，收入看贡献，绩效挂钩，优胜劣汰；管理要严，制度要细，奖惩要明；建立员工关爱机制，对困难员工实施资助，"不让一个员工下岗，不使一个员工上访"。

带出一支队伍。推动建立学习型组织，注重学习新知识、新技术，打造一支对国家政策敏感、对市场反应敏锐、吃苦耐劳、敢于啃硬、善于打大仗的经营管理队伍。

培育一种文化。倡导人人有激情、事事在状态，相信没有干不成的事、只有不愿干的事，践行只为成功想办法、不为失败找借口，反对有想法没办法、有看法没方法。每天都要烧开水、冒泡泡，始终做到我的岗位我负责、我的岗位请放心。

企业管理的核心是绩效管理

管理的本质是控制。要从一分钱管起,从一分钟管起,从每个人管起,从每件事管起,堵塞一切漏洞。一是加强财务管理。建立适应集团化运作的财务管理模式,加强对资金、投资的监督和控制。加强会计电算化、信息化的建设,提高财务的透明度和运行效率。二是加强预算管理。严格预决算制,对盈利、收入、国有资产、资金使用等经营活动都要有一定的指标;对管理费用、经营费用要挤干一切水分,纳入预算,责任到人,确保每一分钱都要用在实处。三是加强投资管理。加强对基建、园区建设项目的审计和资金监管,严格控制建设费用。四是加强绩效管理。以数字说话,集团按年度经营目标,实行工效挂钩,制定各部门各岗位的职责说明,进一步提高企业经营水平。

管理要杜绝短期行为

要树立正确的绩效观,有大局意识,站得高、看得远。要重视基础管理,比如选题规划、市场建设、员工培训等。要树立清晰长远的发展观、利益观、风险观,在思想品质、道德修养、做人尊严和做事风格方面,要有职业操守,树立按制度、规则做事的基本观念,杜绝买卖书号行为。要树立以人为本的观念,放下架子,心贴心地带,手把手地教,了解员工的真实想法,倾听职工对改革发展的意见和建议,平易近人,耐心交流,从一般管理到给予机会、帮助成功;要关心员工的利益,做人要公正、宽容。

效益是企业的生命

效益包含两个方面,一是公司要有效益,二是职工要有效益。企业效益好、职工效益好,就是对社会做贡献,就是负责任,不要讲空话、大话,不要讲特殊性,任何企业都要符合市场要求,强调特别等于无能。要让职工感觉到每年都在提高，每年都有希望，这不能靠简单的企业增效，还要靠职工的劳动效益增长。因此精减人员、提高劳动效率很重要，要把资源集中在骨干身上。

要让员工享受到企业效益

抓效益，不只是抓企业的销售，抓企业的利润。在企业发展的基础上，更要抓员工的收入水平，抓员工的福利待遇。企业发展了，就应该考虑员工个人收益的提高，就应该考虑如何进一步健全激励、保障机制，切实给员工实惠，给员工动力。集团还存在管理不到位、制度不健全的问题。要根据现代企业制度要求，不断建立健全相关管理规章、制度，明确职责、分工，强化执行力度，以细节化管理、规范化管理、科学化管理进一步提升企业效益，为员工好好工作、好好生活提供坚强保障。

没有效益，腰杆就不硬

企业一切都要以市场说话，用最通俗的说法，就是一切都以成败说话，没有效益，腰杆就不硬。对出版企业来说，原来虽然是事业单位，但是自收自支，事业身份其实并没有用处，没有效益，什么事业、企业都不是。所以我们抓住了转企改制的机遇，国家给政策，就是对我们的支持。

企业效益永远是第一位的

我们在与每个企业单位负责人讨论工作的时候，大家都既考虑企业效益，又考虑企业的成本、职工收入。但是，企业效益一定是第一位的。不负实际责任的人，他可以把什么都讲得很宽很大，一旦当他实际负责某个企业单位或部门的时候，就必须综合考虑利益、成本、效益等因素。企业单位必须注重绩效考核，否则的话，努力和不努力一样，主动和不主动一样，企业就没有希望。有些人工作是为了一份报酬，有些人工作能为别人创造报酬。因此，每个员工都要从自身做起，使自己在单位内和岗位上"不可取代"，自己不仅拿较高的报酬，也能给企业创造效益，为别人创造报酬、创造机会。

企业要讲生存

企业是独立核算、自主经营、自负盈亏的法人，要符合现代企业制度要求。由于改革带来很多考验，如成本、稳定、能力等问题，因此要想生存，首先要转变"等、靠、要"观念，主动向市场要效益、要生存，提高员工收入，稳定队伍，维护退休职工利益。只有生存问题解决了，不为工资、福利、待遇发愁，才能有时间和精力去潜心做出版，去创新。其次要适应改革、主动改革，跟上国家产业政策、政府宏观战略，跟上市场步伐，增强市场意识和市场经营能力，学习新知识，了解新形势。

在不同发展阶段，规模、效益和核心竞争力三者之间，只能突出强调一个方面

规模和效益相辅相成。企业要靠经济效益说话，我们既要规模又要效益，最终还是追求盈利。当然，具体到各企业单位，在不同发展阶段，规模、效益和核心竞争力三者之间，只能突出强调一个方面，只能集中力量解决一个问题。要"四两拨千斤"、以小博大，小投入大产出。比如说，为了解决做大规模问题，公司就要拿出部分利润去投入，占领市场，创造规模。又如，为了培育品牌，公司就要把利润投入人才、资源、宣传上，着力扩大社会知名度和影响力。再如，当规模做大了，但利润很低，就要想办法在规模基础上寻求增加利润。

有规模才能有市场

一个企业，规模上去了，才有能力应对市场变化，才有实力在激烈的市场竞争中赢得机会，获取发展。集团产业方面着重发挥的是造血功能，围绕出版主业，不断拓展产业链。要通过不断创新资本运作手段，提高资本运作能力，实现文化与资本的有机结合，形成文化与经贸的有机联动。只有实现规模不断扩大、实力持续增强，才能为出版主业的稳健发展提供强有力的支撑。

市场份额决定市场地位

当规模达到一定程度，就有了价值、资源、合作伙伴、谈判条件、社会地位、盈利能力。那时，由于市场地位、谈判条件相应改变，人力资源优势得到充分发挥，与合作伙伴谈条件有了底气，向政府要政策说话有了分量，也能获得相应扶持，利润就随之而来，企业的地位和形象将大幅提升。要明白"店大欺客、客大欺店"的意义。做大了，你咳嗽，行业就感冒，必然会引起政府关注。

投资和利润都要留有回旋余地

要有适当的后退空间，不能把自己绷得太紧，这样才能推进企业"波浪式前进、螺旋式上升"。集团做投资要把握两个原则，一是利润很可观，二是退路有保障。凡是不能在市场交易、不能随时可以退出的投资，一般不能做。有退路，才能把钱投入进去。只有有钱"转"，才会有钱"赚"。做投资和贸易必要时要备好风险准备金，确保资金链不会断裂。

少数人的眼界决定多数人的世界

我们的事业是少数人的眼界决定多数人的世界。做出版、做管理都一样，少数人思考，决定多数人思想和行为。如果管理者的眼界不对、决策不对，就什么都做不成。管理者要谋划今后5年、10年企业的发展思路，做到持续动力、持续发展、持续保障。同时，不能坐而论道，纸上谈兵；不能只是激动，没有行动。

眼光就是阅历、经历、档次

眼光比能力重要，选择比努力重要。没有眼光，就没有阅历，涉及面窄，不会做什么大事。选择干什么与不干什么，是企业发展基本要求，取舍不对，再努力也没有用，方向不对也不行。

企业发展要有清晰明确的战略和价值观

要研究怎么给企业定位、定价值观。有了清晰明确的战略和价值观，才能实现可持续健康发展。企业健康成长，我们才都健康成长，企业有了毛病，我们就都会跟着生病。一个企业一旦出现问题，经营忽上忽下不稳定，必然牵涉所有干部员工精力，就要考虑正在做和即将做的事情能不能搞、要不要停一停、是否需要重新决策。稳定、健康、可持续对快速发展的企业非常重要。

目标要大，意志要强，动手要快

干成事的人从不随大流，从不受干扰；干大事的人，从来都有坚定目标、坚强毅力，并坚持努力。目标决定规划，目标决定品牌，目标决定发展速度，目标决定企业未来。发展如逆水行舟，不进则退；增长是硬任务，不增长就会落后，不增长就没办法竞争，不增长就没办法生存。要排除杂音、排除干扰，把握大势、认清自我，想尽一切办法确保增长，千万不要辜负员工的希望、社会的希望和国家的希望。

只能向前看，必须往前走

人不能总研究过去。就像跑步一样，回头看是没有多大意义的，要看方向，看前面有没有洞和坑，有没有陷阱和危险。回头看，就跑不快，容易跑岔。我们不能只回忆过去，不能满足于过去的成绩，要向前看，着眼将来，思考和回答你能谋划什么、想达到什么标准、能达到什么标准，努力往前走，力争取得一个又一个新的更大成绩。

危机就是在危难中寻找机会

当前，全球性的金融危机对世界经济带来了巨大影响，对我国许多行业也造成严重冲击。但目前对出版业的影响暂不明显，因为现在出版业不是资金密集型行业，也不属季节性、环境性、资源性影响的产业，更不是国际市场、国内政府调控的主要产业。出版业是智力密集型行业，其发展主要取决于创意策划。

要不断学习提高，始终主动谋划，从拉动内需中找发展的机会和项目，抓紧经营转型和产业提升。现阶段出版业落实科学发展观，必须根据新形势、新情况谋发展，实现由粗放型、数量型、扩张型增长，向效益型、质量型、科技型增长方式的转变。

走好自己的路才是出路

激情是自己的事，不要在乎别人怎么说。每个人都要知道自己想干什么、能干什么，不能随遇而安，眼睛总是盯着别人，不能把自己拴在别人身上。我们不管别的企业怎么发展，我们就坚定不移用"做强主业、做大产业""战略决定成败、产业成就主业"、多元拓展、狠抓"走出去"开展国际合作这条思路发展自己。我们集中精力把教材教辅搞好，把渠道控制住，着眼发展，争取更好的效益，否则的话，只能任人摆布。不要管别人怎么样，我们自己做自己的，我只想我有什么，只管我能做什么、能创造什么。

思想要经常反复碰撞

集团第一次"头脑风暴"会议，主要讲"统一思想"，就是要求大家朝一个方向努力改革；第二次"头脑风暴"会议，要有思想的碰撞，向不同的方向突破。做任何事都必须有碰撞，要站在不同角度，如竞争的角度、发展的角度等，让不同的思想尽情碰撞，有"狠话"尽管放，有牢骚尽管发，特别是从外面引进的人才，在社会上形成的新理念、新做法、新看法要尽管说。引进人才最大的用处是要发挥"鲶鱼效应"。没有不同的思想就没有进步，所以要鼓励碰撞出不一样的新思想、新办法，特别是股份公司尤其要鼓励碰撞。股份公司对集团品牌效应极为重要，现在面临出版行业整体业态传统、市场容量不大等不利因素，人员众多，创新点不多，发展潜力模糊，压力很大，但是不做不行，不发展不行。

让思想多"飞"一会

如果问：解放思想要进行多久？我认为永远不会停止。解放思想靠谁来推动？我认为是靠大家自己来推动。要让大家的思想飞起来，提起干劲。所以，要多学习、多讨论，交流碰撞，激发新思想，找出新办法，多出新成果。

观点碰撞才能产生火花

有人群的地方就有不同的意见，只要是为企业好，任何声音都是有价值的。企业发展需要有不同的声音，观点碰撞才能产生火花，这样有助于我们更好地做出决策。集团是个大家庭，集团的发展要靠每一个员工的努力。希望集团从上到下都要分担责任，扎实做事，积极进取。集团各单位、各部门之间要加强交流、沟通、合作，在此基础上，强化考核机制，激励全员行动起来。

敲响警钟，吹响冲锋号

集团已经奋斗5年，取得了很大成绩，但是现在周围都是咄咄逼人的对手，我们的队伍在作风上也出现了惰性的苗头，思维上出现了迟钝的苗头。传统出版发展虽然取得一定进步，但是对今后的发展方向、对新技术应用却茫然没有头绪，所以要不断发展，就必须进一步激发干劲、鼓励创见，要老树发新芽，立新功创新业。不管现在发展面临多少挑战，都必须有干劲、向前进，因为企业不发展、不增长、不往前闯就没有出路。要吹响大干快干的冲锋号，为大家鼓劲鼓气。

做企业要以量变促质变

在企业发展初期阶段，没有一定量变就达不到质变。如何量变？在各个市场出现我们集团的书，各个环节都出现我们集团的声音，各个行业都出现我们集团的动静，这就是量变。量变达到一定程度，就会产生质变。质变就是经营比较规范的、有业绩的优秀的企业集团。我们3年内要潜心做事，潜心带队伍，潜心培养自己的各种资源，各单位要敢做事、敢投入。集团制订出版发展规划、建立出版发展基金，就是鼓励大家做项目，就是让大家投入。钱不是资产，有效的物产、作者资源、专家资源、市场资源、合作资源，才是发家致富的本钱。

做企业必须追求完美

有自责的精神才可能把企业做到完美。大家都要思考自己过去5年到底为集团做了什么样的贡献，是培养了品牌书系，还是培养了新的业态？还是培养了一批队伍？还是培养了一批策划人？即使说不反对小富即安，现在究竟能不能称得上"小富"？

要"力挽骄阳"

对企业来说，业绩本身就是一种挑战。做企业必须做大，但企业大了就不能出问题，出了问题不仅是企业的麻烦，而且是社会的麻烦。所以我们要多敲警钟，因为成绩不用天天讲，人人都能看得到，但是问题必须天天讲，而且必须自己讲，因为别人讲不透。企业业绩好，如日中天，但是必须保持清醒，因为如日中天的下一步就是日落西山，日落西山的下一步才是新一轮太阳。所以我们现在既要想办法"力挽骄阳"，又要想办法打好基础，期盼新一轮朝阳，这是当前最大的主题。必须做大盘子和规模，做好内部资源的运作、对外资源的冲撞，才能获得巨大的发展惯性和整合能力，推动企业更快、更长发展。

勇于超越自我

对领导班子来讲，要加快转变观念，提高技能，争先创优。超越自我是很困难的，一个人很容易陷入自我满足的泥潭，总是把过去的成功经验当作真理夸大。对取得的成绩不能陶醉，不能守旧。要敢于去多想办法，要超前想、往前闯，大胆思考、小心求证，积极行动；要善于听取意见，不要整天在办公室拍脑袋、埋怨，要主动登门，耐心倾听，认真思考，不要轻易否定别人的想法，不要小看别人的建议。要勤于动手去做，亲力亲为，切实提高能力，自己要有本事策划，要有本事交友，要有本事带人，要有精力、时间、资金的投入。

问题，就是时代的声音

这个时代竞争无处不在、无时不有。身在企业，我们每天都要面临各种挑战，面对各种矛盾，解决许多问题。问题，就是时代的声音，也是前进的动力。我们在不断解决问题中成长，企业在不断解决问题中实现跨越。问题出现之前，未雨绸缪，是一流水平；问题出现之后果断解决，是二流水平；问题出来了，不敢面对、拖延解决，自身就是问题。要站在时代和问题的前面！要发现、使用和培养识大局、挑重担、团结人、有点子、抗震、耐磨、善"糅"的人，整体提高企业干部队伍素质。

杀鸡要用牛刀

用杀鸡需用牛刀的理念引导日常事务,以百分百的精力全身心投入去完成一件事。出书要保证有效益、保证能够传承文化,就一定要用一刀就使鸡毙命、一招就使困难瓦解的信念作为引领和支撑,保证精力、财力、人力、时间的全面投入,确保招招不虚晃,事事出成效;以"四两拨千斤"的气势迎战各种困难,确保成功的必然实现。

只为成功找办法

凡是找借口的员工,一定是单位最不受欢迎的员工;凡是找办法的员工,一定是单位最优秀的员工。要打造不找借口只找办法的员工队伍,培养员工拼搏的意识、坚韧不拔的意志、凡事讲细节并追求完美的态度。

核心竞争力就是能够拿出手、玩得转、控住局

通俗地说,核心竞争力就是能够控场、控势、控制。各出版单位要结合实际,努力在精品图书、签约作者、专业风格、独特板块、营销推广、产业模式、长久的发展方向等方面加快积累,培育核心竞争力。要密切与知名作者合作。各出版单位要培育优秀编辑和知名出版品牌,团结和凝聚作者。出版单位要主动出题目组织作者写稿,不能总是被动等作者送稿上门。每个出版单位都要拥有一批名作者,推出一批精品书,提高知名度和美誉度,扩大社会影响力。要培育专业板块优势,各出版

单位不能泛泛地谈自身专业优势，要做专业细分，在某几个细分板块做大做强。

要培育独特经营模式

做经营一定要轻资产、重资金、重市场，这样负债率低，资金充裕。可以学习借鉴家乐福、沃尔玛的经营理念，走具有自身特色的发展道路。省医药（集团）公司只和医院合作，不做民营批发商的生意。医院利润虽然不高，但垮不掉、钱丢不掉，风险小，应收款可到银行做抵押，进行贷款。这就是自己的模式。

要向公众讲述企业的故事

要学会总结、宣传、造势，向客户和公众描述企业的前景，讲述企业的故事，讲生动、可信、有吸引力、有价值、政府和社会感兴趣的故事，阐述企业的价值，让别人看到企业有美好的前景和未来，留足上升的想象空间。

要把市场观念落实到每个人

把市场成本、市场营销理念灌输到每一个人，我们的利益是和公司捆在一块的，这个理念一定要宣传。不要以为这是公司的事，其实公司的事就是个人的事，公司没有了，就什么也没有了。所以，最主要的就是把手边的事做好，先不要讲别人怎么做，你手边有多少事是否搞清楚了？你的责任是什么？你的岗位是什么？搞清楚就尽力去干好自己的事。公司人很多，为提高生产效率，减少单位生产成本，减员增效是个办法，减员不是一减了之，而是减掉后，经过培训，再调到另外的岗位。另外的岗位从哪来，就要创造，要创造更多的订单，创造更多的岗位。当领导的，要心系员工，我们坐在这个位子上，是要给员工谋福利的。创造岗位，就是发展，就是福利！

要会挣钱、数钱，知道钱后面的事情

要认真学习和研究财务报表。很多同志看不懂财务报表，谈发展形势、谈面临机遇、谈工作目标都头头是道，但一谈到操作及效益、有什么样效益、有多少贡献，就讲不清楚了。财务报表中，每一个数字都代表一个意义，每个数字后都会有不同的故事（即财务分析）。要认真分析和研究报表，要看清楚哪些是正常增长、哪些是需要努力加强的、哪些有客观原因、为什么占用很多流动资金、还存在什么问题，等等。我们既要会挣钱，还要会数钱，甚至知道钱后面的事情。

要和客户共成长

每天都去找新伙伴，投入会像沙漏一样，投再多都会漏掉。投入要投在一个人、一批人身上，持之以恒，不能撒得到处都是。要想做大，先要做人。一个人位置越高，实力越强，越能做到谦虚谨慎、低调做人、务实做事、尊重客户、与客户和谐相处，就越能赢得合作机会。我们是企业从业人员，不是官员，不能有官架子，更不能官不大架子大。

有品牌才有地位

一个优秀的企业必须有自己的品牌，特别是搞数字出版，一定要探索创新商业模式，有自己运营的品牌。拥有品牌就能掌控资源，就有核心竞争力。否则，永远只能给别人打工。集团对近年来引进的人才高度重视，积极支持大家跨行业、跨单位组织"新媒体研讨沙龙"等各种专业研讨团队，吸引志同道合者在一起碰撞、沟通，创新思路，凝聚共识，给集团决策提供参考。要进一步解放思想、创新思维、拓宽思路，立志在电子商务和数字出版方面有一番作为，创立安徽出版自己的品牌。

品牌是形象的标识

我们报纸的创新之路在于做出自己的品牌。"厚报"不是品牌,只有"不一样"才是品牌。要实现从"厚报"向优报转型,走差异化路线,做到"人无我有、人有我优"。别的媒体没有的新闻我们要有,同城媒体都有的新闻我们要有不一样的视角、手法、深度和版式,在比较中体现风格,在竞争中树立地位。

机会不能让给竞争对手

这种机遇可以是对政策的争取,也可以是合作的谋划,关键是要自己去创造。所以,要想方设法创造出属于自己的、合理有利的做法。市场竞争要有"狠"的精神,要善于把握自己的机遇,利用别人的机遇,不能给别人搭梯子,资源、机会不要让给竞争对手,要让也要让给上下游;要做就自己去做,要干就自己想办法,一切考虑都要从企业利益出发。

政策都是基层创造出来的

没有任何事情是不能改变的,不要强调国家政策有限制。政策都是基层创造出来的,有了基层的做法和对策,国家要解决问题、要指导面上工作,最后就形成了面向部分或所有人的政策。

用发展的眼光做贸易

开展贸易离不开政策导向,大家要利用公司的融资优势,结合政策信息,开动脑筋想办法,寻找有潜力、可以持久发展的贸易。每个人都要关注公司的发展方向,以公司的发展方向指导个人事业发展,用发展的眼光做全球的贸易。

千万不要有经验主义

现在集团有很多人认识到：以前认为不可能的事，现在都可能了，关键是你去不去做的问题。做，一切都有可能。千万不要有经验主义，"以前是这样的""人家是这样讲的""恐怕不行吧"，等等，这些都要放一边，什么事都讲行，要敢于试试看，只要有志在必得的精神、永不放弃的劲头，肯定能够做成功。只有努力做成的事，才会感到有价值、有意义。

多元经营要专业管理

我们在强化资本运作、拓展多元经营过程中，始终坚持一条：多元经营，专业管理。集团并购的几个企业都很成功。成功之处就在于，并购并不是简单地并购资产，主要是并购职业经理人，用专业团队进行管理和经营。如果某个企业经营团队有了问题，局面很可能就要失控，企业必须马上卖掉。

重视资源储备、库存和在途

抓管理一定要抓资源储备。储备资源并不是储备资金，而是占有了多少资源、控制了多少数据，这才是真正的资源。

抓管理一定要抓好库存和在途。企业经营中的"跑、冒、滴、漏"、私利膨胀甚至职务犯罪等问题，大都出在库存、在途和长期投资三项上。现在有些单位的 ERP 存在数字不准、落实乏力等很多问题；销售不准确、回笼不准确、资金不准确，一审计肯定有问题。

换一种眼光看库存

人类历史文化，只能继承，不能重写。历史文化传承主要靠两样：文物和图书。没有图书，文化也无法充分传承，因而图书留存越久远，文化越珍贵。从这个意义上来看，图书库存具有两面性，要辩证地看，一些薪火相传的民族文化、历史思想、国学精粹、民间工艺，内容留存、积淀的时间越长，蕴涵的价值就越大，出版效果就越好。诸如此类的原版图书，一定不要清仓，要保留一部分库存；肯定每年都会有需求，每年都在增值。它不像电影或其他商品，一段时间就过时了，贬值了。有人说，出版行业500亿元的图书销售就有800亿元的库存，其实库存里至少400亿元在不断增值。

图书，不妨试试国际拍卖

来一次"清仓一百天"，把家底翻一翻，理一理：好书不能轻易卖，要当作珍品来运作与经营；要守正出新，老书新做、老款新开发；要包装好，放得时间越长，可能越稀奇。还有一些书，可以选出来参加国际拍卖。不妨拿出50个版权拍卖一下试试，卖不掉也拍，拍出一个气氛来，拍出一个境界来。因为书只要经过拍卖，就会有拍卖纪录，拍卖纪录当时是1万元，10年后也许就是30万元。名画怎么出来的？大多是拍出来的；古玩、股票、地价怎么出来的？大都是拍出来的。这就叫做文化。做文化就是吹泡泡；不会吹泡泡，文化就是土，就是家里面的土。你要做得好，就是肥皂泡，天天在头上转，全是云彩，你看那云、那彩，多漂亮！

竞争是进步的源泉和动力

有了竞争意识，才能完全发挥潜能。出版行业在文化产业领域竞争最激烈，市场秩序还有待于进一步规范和完善。但我们不能怨天尤人，把时间和机会在埋怨与等待中丢掉了。要坚持市场导向，走到市场前沿，走进客户中间，满足、引领和创造市场需求。要学习推销员的"扫楼精神"，把自己彻底推向市场，走进读者。走别人走过的路，亦步亦趋，是没法和别人竞争的。对一切有效的做法、有益的模式，都要先学习、后超越，培育专业和细分市场，增强核心竞争力。

把防范风险和开拓创新辩证统一起来

一定要注意库存、投资、合作等各种经营风险。每个单位都要成立一个风险管理小组,对超常规的做法,要考虑好、研究好、评估好再做,确保经营安全。同时也不能因为防范风险,就拒绝创新、不敢尝试。把不能做到的事情做好、做成,才能真正体现我们的管理水平和经营能力。企业就是始终在勇于创新、化解风险中实现不断发展。

我们唯一能改变的只是我们自己

我们有责任让企业越来越好。我们改变不了世界、改变不了出版行业，唯一能改变的是我们的企业，唯一能做的是推动企业发展得更好。做企业要有大局意识，要维护企业的资源，维护企业的品牌；要扎扎实实地让家底更殷实，让发展更扎实，让制度更健全，让文化更活跃。改变自己，就是在改变世界；改变自己，就是在完善自我、创新自我。

发展的前提是要有会抓发展的能力

出版企业的很多员工原来是搞案头工作的，做文字和研究工作是他们的强项。现在，一下子把他们推向市场经济的大海，让他们去游泳、去挣钱，确实为难他们了。正如安徽省原省长王三运同志到集团调研时所说的："文化体制改革不是把文化企业简单推向市场，而是要给它内生的动力、强身的能力。"

企业家的基本使命是创新闯新

铸造新徽商精神，即新时代企业家精神，就是不仅要继承"徽骆驼"精神，而且要发扬与时俱进、敢为人先、勇于探索的创新闯新精神。具体到文化产业，创新闯新是文化持续传承的生命力，是文化产业快速发展的源头活水，是做强企业核心竞争力的根基。

企业领导人要有"船长精神""司机风范"

公司领导岗位的用人原则，一看品德，二看业绩，三看领导才能。所谓"领导才能"，就是要有"三力"：果敢力、亲和力、凝聚力。要在领导干部中提倡"船长精神"，也就是牺牲精神。船长在任何情况下，都必须无条件地与船员同生死、共存亡。我们的社长、老总就是企业之船的船长，必须改变"当官做老爷"的想法。

企业就像一列前进的火车，企业领导人要做个优秀司机，开着火车不停地向前，不管风吹雨打、冰雪暴日，只能向前、不能停下。要始终保持动力，这是责任和义务。

抛弃"官念"，避免"非官像官"

要按照《公司法》要求，健全董事会、监事会和经营管理层，形成产权清晰、权责明确的法人治理体系。通俗地说，就是"上帝的归上帝、恺撒的归恺撒"，进一步明确所有者、经营者的各自职责。董事会把该管的决策规划管起来、把不该管的具体业务交给经营者，避免角色错位。经营者要对董事会负责，切实落实董事会的决策，抓好企业的经营和管理。要引导各级管理人员彻底抛弃"官念"，避免"非官像官"现象，逐步完成企业职员向职业经理人的转变。

领导要把心思放在工作上

领导要想让员工服气、信得过你，就必须自己做得正、自身作风好，做事必须透明，不透明，就很难服众。领导要大公无私，把心思放在工作上，少放在个人利益上。因为坐在领导的位子上，除了责任以外，本身就是一种享受，资源掌握得比别人多，决策权大，职务消费相对多，还有什么不满意的？就应该尽心尽力工作，从小事做起，接受大家监督。晚上九十点钟就在家、要睡觉了，未必是好干部。

班子成员要以身作则

班子讲团结，讲大局，吃苦耐劳，勇于挑重担，有远大抱负，有较强动手能力，亲力亲为，这是能带动企业的基本保证。严格议事制度，公开透明。按照党员领导干部廉洁从政的各项规定，严格要求自己，做到克己奉公、艰苦创业、严守纪律、坦荡做人，不搞钱权交易。平时注意以身作则、忘我工作；注意宽厚待人，热心给每个人机会，热情对待同事；工作中只对事，不对人；鼓励干事、想事、有抱负；提倡顾全大局、心胸开阔，工作分工不分家，不要讲究面子，不要斤斤计较，不要小肚鸡肠。

主要领导负主要责任

领导要负责，尤其主要领导要负责。当主要领导，就要负主要责任，要主动负责任。对领导考核必须让业绩说话。在企业，无论什么学历资历、职称职务、来头背景，都只能是仅供参考，只能说明你的过去，不能说明你的现在，更不能说明你的未来。现在必须按市场经济规则办事，靠业绩说话。谁把企业搞垮了，谁先下岗；谁把企业搞亏了，谁想办法再扭转过来，集团不会拿钱来补贴亏损企业，不行就关、停、并、转。领导要注意，一个企业成长，要靠大家多年努力。要把企业搞垮，就是一个领导一夜之间的事。所以，企业管理无小事。

领导班子要做讲学习、抓市场、正作风的表率

一是要多学习。学习最重要的是学政策。要了解目前政府在鼓励什么、产业的方向是什么，抓紧研究、抓住机遇、创造机遇。其次是学财务。所有的负责人都必须懂财务，必须能看懂财务报表，必须学会从财务角度分析当前应该怎么办、5年后怎么办。再者是学技术。不懂新技术不可能做数字出版，不懂电子商务不可能有市场新创意、就不会分析电子商务市场，必须加强新技术、新理念的学习。

二是要提高市场经营能力。目前我们的市场经营能力还不强，出版企业的多元化，就是把内容资源辐射到相关产业中去，以图书为主业基础、多元发展，这将是一个广阔的市场。

三是必须亲力亲为、提高效率。不要议得多、做得少，反复讨论、一事无成。讨论问题首先要讨论做成的理由，再讨论具体的难度，不能首先考虑的是如何做不成。主要负责人要敢于担担子，为长远着想；要能够出点子，证明自己的能力。

四是要关心员工、培养人才。培养人才是我们后5年最重要的工作，如果因为没有培养好人才而造成发展上的困难，就是企业负责人的失职。负责人要有亲和力，让员工真正感到带头人的作用；要用好人，根据产业发展的要求把握用人方向；要加强执行力，公司的要求必须执行，不能违规；千万不能躲避管理，否则一旦出问题，一把手必须负责。

五是要严明纪律。领导干部要廉洁从业，不能有违规行为，严禁出现裙带关系。凡是有亲属在本系统工作的必须登记，如有必要，坚决调整，防止产生不良影响和后果。班子成员要先为股东干，再为员工干，最后才为自己干，做人要堂堂正正，不要引起普遍不满。

对领导班子必须高标准严要求

一是领导班子要严格要求自我。领导班子所有人员都必须讲求自己的工作作风，讲求自己的管理能力，讲求自己的管理艺术，做自我约束的榜样，做勤奋敬业的榜样，做业务开拓的榜样，做动手实践的榜样，做追求卓越的榜样。

二是员工接受是高效管理的前提。只有员工能接受，领导的意见才能贯彻下去。各单位领导班子必须与员工常沟通、与部门常沟通、与团队常沟通，只要把沟通思想、统一认识都做好了，就能形成高效管理和有效经营。

三要提高能力以胜任岗位。一定要加强学习，真正做出与自己的岗位相适应的成绩，获得员工认可。所以要在领导干部中提倡良好的风气、优秀的品质、卓越的能力、超常的贡献、非凡的努力，逐步经历从获得岗位到获得尊敬的过程。

管理者的必备素质

第一要有激情；第二要有亲和力；第三要懂财务；第四要有点子；第五要敢于负责；第六要能下到第一线；第七要能听得见各种意见。

提倡知忧报喜不报忧

很多人认为自己干得好、能力强、资格老，但同样经历、资历、能力的人，在不同的岗位做的贡献或许要比你高得多。要经常反问自己，是不是想到了？别人做了自己想到没有？自己想到了做了没有？所以必须首先挑战自己，要挑战自己的惰性、传统思维、畏难情绪、小富即安意识。很多干部只要一讲业务、讲发展，总是首先讲困难。不要讲困难，因为不会有人听。这不是要求大家报喜不报忧，"忧"放在自己心里自己明白即可，不必要说出来；"喜"才是目标，要把自己的目标讲出来，把自己的方法讲出来。困难多很正常，任何事都有困难。不困难要我们干什么？不困难怎么能表现出才能？不困难哪里有机会？只有在困难的时候有能力去解决困难，才是给自己、给企业创造发展机会。不要给人惨兮兮的感觉，不要给人软绵绵的印象。谁愿意跟那些黏糊糊、整天抱怨诉苦、胸无大志的人干？当头头，就要有志气，有骨气，有勇气，有灵气。

干大事必须讲团队合作

企业的辉煌，要靠每个员工的努力；员工的成功，要有良好的合作团队。因此，良好的环境就是第一生产力。个人不仅要具备适应环境的能力，关键还要创造环境。有的人出类拔萃，但缺乏团队精神，也是干不成大事的。有些人事情干成了，矛盾也出来了，总有一大堆后遗症叫别人去处理，这叫霓虹灯下有"阴影"。任何事情都要顾大局，不可以太个性化，性格可以帮你成功，但也最致命。很多人把协作不好说成自己性格不好，性格不好就是阻力，不能以个性原谅自己。性格是个人的事情，事业是大家的事情，合作是双方的事情，环境是创造的事情。在一个企业里，也存在"不差人"的问题，不要把自己看得太重。在人才辈出的社会，不加强学习，不加强修养，很快就会成为被淘汰的人。

团队合作要互信互谅互让

善于团结的人，人人都愿意与他共事，也是能成功、能领导、做大事的人。作为一把手，要用最高的姿态、最善的情商去吸引你的同事与部下，要有团队精神，懂得谦让，顾全大局。自己做到，才能要求其他人。不要一碰难题就发牢骚，怨天尤人。要学会适应环境，适应环境才能改变环境；要善于处理合作关系，良好的人际关系就是生产力；要懂得妥协谦让，这是一种胸怀，一种境界，一种素质。

俗话说，退一步海阔天空。清代有一位宰相叫张英，他处理桐城家人与邻里的纠纷就是个好例子。"一纸书来只为墙，让他三尺又何妨。长城万里今犹在，不见当年秦始皇"讲的就是著名的"六尺巷"的故事。大家都熟悉的徽商胡雪岩，他的经商精华，就在于"花花轿子人抬人"。《曾国藩》一书，说到曾国藩为官一生所悟的道理，也是"大柔不柔，至刚无刚"。这些话之所以流传下来，有一个重要的精神，就是妥协谦让、求得大局、求得合作的美德。

我们要创造和谐的氛围，营造愉快的心境。在愉快的心境里，人的创造力就会得到充分完美的发挥，大家才能策划出好的选题，创造出好的品牌。

团结出人才出效益

各单位领导班子要进一步加强班子团结，由一人干变成一群人干。领导班子成员要进一步增强大局观念，以工作为重，以事业为重，胸襟开阔，坦诚相待，阳光透明。领导的思想不能统一，就很难有合力。各单位领导班子成员要经常沟通，经常研究深层次问题，以达成认识的一致。要进一步加强制度建设，形成以制度管人、管事、管财的工作机制，营造"发扬民主，团结共事，秉公用权，按章办事"的良好风气，进一步增强班子的凝聚力、执行力和发展力。要关心爱护员工，解决他们的实际困难，关注他们的成长需求，心贴心带，手把手帮，做到以事业吸引人，以任务培养人，以荣誉激励人，以关爱温暖人，增强员工的认同感和归属感。

严厉打击糊、混、拖、无事生非、东家长西家短的人

有意见、建议要按正常渠道反映。一个公司混乱出问题，就是因为那些东家长西家短的人。一个单位最恨那些干不了事还瞎评论的人。领导班子要下功夫管理，宁愿被不干活的人骂，不要被干活的人骂，宁愿被少数人骂，不要被多数人骂，这是很重要的。要有原则，不可能永远做老好人，你做老好人全部都会骂你。干活不努力的，不负责任的，不遵守劳动纪律的，天天东家长西家短的，随他怎么骂、怎么狠，都要坚决打击，重点打击，发动员工打击！要把这种现象拿到职代会上让大家来讨论，让员工来评论评论。员工都反对了，歪风就下去了。

不养闲人、懒人、庸人

集团直接管理近30家单位，有4000多名员工。但是，包括领导班子成员在内，集团本部不到20人，各单位的管理人员也都非常少而精。我们坚决不养闲人、懒人、庸人，所有员工都要到一线

去搞经营抓发展，在本部的人员要为搞经营的单位和员工提供支撑与服务。大家心往一处想、劲往一处使。

部门工作要在了解、管理、谋划上下功夫

公司各部门是公司运营的机器，部门工作的好坏是公司成熟的标准，至关重要！

要了解掌握本部门在全公司运转中的功能到底有没有发挥，部门必须信息很灵，而且必须是自己了解到的信息；了解到还要有分析。部门对行业信息、其他企业的信息、公司内部的信息等，都要掌握并加以分析。

要主动分析怎样参与管理，管什么、理什么，怎么管、怎么理，这样才能知道事情是不是做到了点子上。管理要主动、宏观、严格。要主动提出建议，推动公司形成发展战略；工作要主动想到、主动注意、主动办成、主动沟通、主动调查。在提出问题的同时要提出多种解决方案供决策，否则部门就不是在正常的发挥功能。

要谋划公司后5年发展，为决策提供参考。公司已经发展5年，前5年注重的是发展，后5年要注重保障和管理，现在就要谋划今后每一年的工作重点。谋划就是要出点子，要懂政策、争政策，要出管理，出策划。

想法要切合实际，办法要切实可行

做企业，汇报工作、研究任务，提出自己的想法固然必要，提出具体办法更为重要。想法要切合实际，办法要切实可行。下级汇报工作，必须简明扼要地讲四点，第一做什么事，第二为什么要做这件事，第三怎么做这件事（时间、步骤、办法），第四做这件事的条件和空间。如果是研究任务，上级要阐明为什么要布置这个任务，明确完成这个任务的牵头单位和协同单位；这些单位要围绕任务主旨，研究具体怎么执行，时间、步骤、办法一样不能少，并提

出完成任务的有关条件。

只会办事的部门是不称职的

集团和股份公司各部门要进一步加强和改进服务，切实支持各单位开展业务。坚决杜绝"门难进、脸难看、事难办"现象，不准讲不行，要多讲"怎么样才行"。想问题想在别人前面叫服务，想到别人后面只能叫办事。只会办事、不会谋事的部门是不称职的。要努力学习，换位思考，主动工作，尽最大力量提供优质服务。

保持一个文化人应有的风貌和品格

在文化企业工作的，都是文化人。文化人喜欢体面的生活和工作，因此，要从小事和点滴做起，加强修养，提升素质，使我们的一言一行与自身身份相适应，不要为蝇头小利而自损人格。要自觉遵守不在办公室就餐、不在公共场所抽烟、不在集团广场停车、不乱丢纸屑、不穿奇装异服等规定，集会和开会时自觉将手机关掉或设置在振动上，保持一个文化人应有的风貌和品格。

员工要守规范懂规矩

规范包括社会责任、行业责任、职业道德。一个人良好品质的反映就是懂规矩。规矩是立人之本、执业之基。作为集团一员，要珍惜岗位，遵守公司的规矩。诸如开会使用手机、迟到等现象都是不懂规矩的表现，应坚决予以抵制。只有懂规矩才能赢得别人的尊重。同时，只有做到懂规矩，才能保证做事的原则性。

越发展越要注重廉洁从业

规模越大，效益越好，就越要注重作风的廉洁。尤其是产业方面的单位，市场化元素极其活跃，就更应该注重严谨运作，廉洁经营。就像有的单位负责人所说的，危机往往是从内部产生的。一个单位的负责人是企业的灵魂，首先要以身作则，廉洁自律，杜绝"小名堂""裙带关系"。这样才能带动领导班子、全体员工形成良好的工作作风，在全单位形成廉洁的工作氛围。

廉洁是为政从业者的"价值原点"

为政要清，从业要廉。廉洁自律是干事创业者的政治本色。员工看领导、下属看上级，其中很重要的一条就是看他们是否廉洁。如果一时工作上的失误还可以谅解的话，那么贪污腐败是决不可容忍的。要建立自己的行事原则和从业底线，廉洁自律，一身正气。要厉行勤俭节约，禁止铺张浪费，把节省下来的钱用在增加经营投入、提高员工收入、改善大家福利上，用在关键的地方。

立身正、处事清，走得稳、行得远

有权力就有腐败的风险。阳光是最好的防腐剂，公开是最好的监督。要珍惜组织给予的机会，把手中的权力用在促进发展上，用在事业上。要坚持我们多年来探索形成的有效做法，重大投资决策要报告，重点工程要招标，敏感问题要慎重，凡事讲在明处、讲在前面，立身正、处事清，这样就能走得稳、行得远。

增强纪律意识

出版企业不是权力部门，也不是热门行业，但这不等于我们不需要纪律约束，不需要纪律教育。纪律就是行为规范，就是党纪国法，就是企业制度、公司意志。要遵守政治意识和行业纪律。作为出版人，承担着传播思想、影响舆论的职责，既要遵守一般行业纪律，更要遵守出版纪律。只有自己思想方向正确，才能有效引导舆论，才能确保舆论导向正确，确保企业运行安全。要遵守商业纪律，遵守国家法律法规，遵守所在行业的商业规则，讲诚信，守规矩，不能弄虚作假、坑蒙拐骗。要有职业操守。一个没有职业操守的人，就是没有纪律意识的人，是不能用、不敢用的。

节省是企业的规范和习惯

我们牢记创业艰辛，厉行勤俭节约，规范职务消费，反对奢侈浪费。我们这么大一个集团，没有豪华车辆。我们严格控制管理成本，不白花冤枉钱。文化系统的研讨会、座谈会、联谊会很多，无实质性内容的会议我们一概不参加。这种观念和行为方式，不仅是我们的要求，大家也要习以为常，成为一种自觉。要防止开会去旅游，来人就宴请，出差每人带一部车，来回好几天。要知道，电梯按一下，就要6元钱，没必要买豪华车摆势子，一分钱要掰两半花。

不能变着法子搞小名堂

要认真考虑自己所作所为是否遵守行为规范，是否符合企业利益，决不能以公谋私，假公济私，不能为小利而损大局，文化企业从业人员都要做到有知识、懂道理、讲品行。我们支持各单位提高员工收入，但是要规规矩矩、堂堂正正，不能躲躲藏藏、遮遮掩掩，不能变着法子搞小名堂、设"小金库"、做阴阳报表，不按规矩办事。一个领导干部思想出轨，必然行为失范。小毛病会出大问题，小名堂会毁大事业。自己站不直，作风不过硬，有私心，员工就会戳脊梁骨，这样的干部说话做事就没有力量，最终会害了自己、误了企业、不利事业。

自我约束是廉洁自律的必然要求

各单位都是自主经营、自负盈亏、自我发展、自我约束的经营实体。自主经营就要自我约束，就要遵守纪律，规范自己。今后，我们将对上级要求不遵守、执行制度不严格、财务管理不规范的单位加强管理，每个月都要调看该单位报表，找财务人员谈话，对主要负责人进行约谈。约谈是为了早提醒、多教育，避免犯大错误。

监督是对干部最大的保护

加强监督是惩防结合的重要途径。没有监督，发展就没有保证，也体现不出公正。财务部门要加强会计核算，强化内部审计。对个别问题突出、影响较坏的部门或个人，必要时要介入调查。我们要求每个干部和员工都堂堂正正、清清白白、为人正直、作风正派，说得清情况，经得起调查。要坦坦荡荡，不去胡乱猜疑，甚至威胁、打击、报复举报人。也不要听风就是雨，要保护做事的人，爱护做事犯错的人，要为他们创造环境。监督，也要注意发现优秀的人，澄清是非。

文化企业需要"妈妈式"管理

20年前，包括外贸在内的经济体制改革都是"疾风暴雨"式的，一夜之间全成了企业，打破垄断全部放开，一两万元就将身份置换了，大家自谋生路，很多人不得不下岗。文化体制改革是在糖罐子里改革，是"妈妈式"管理，是比较温柔的，有很多配套措施，比如税收政策、改制政策、资金政策，确保了改革稳妥、积极、有效。

决策主要是管战略、管大事

从上市公司管理实践来看，股权多元化是完善法人治理结构的关键，参与重大问题决策是发挥董事会、高管作用的关键。企业决策不能事无巨细都管，要突出重点、抓住关键。决策工作要站在宏观的高度，善于捕捉企业发展契机，管战略、管大事，重点要抓关系到企业的方向性、全局性、长远性、关键性的问题，抓企业生产经营的难点和重点，以及员工关心的疑点和热点等问题。

有看法摆到桌面，有意见讲在当面

在一个和谐奋进的集体，没有什么问题不可以讨论，没有什么话不可以说，大家有看法摆到桌面，有意见讲在当面，有问题及时提醒，有难题共同解决，发扬民主，高度集中，彼此真诚关心，坦诚相见。

文化产业也必须导入 ISO9001：2008 质量管理体系

导入 ISO9001：2008 质量管理体系，目的是促使出版企业由传统管理向现代管理转型，进而成为现代出版企业。这是传统企业管理变革的风向标。同时，采用卓越绩效评价准则、ERP 管理系统、蕴通账户等先进管理方法和管理工具，建立以流程管理为核心的现代企业内部经营制度，确保管理精细化、科学化、一体化；实施以财务预决算为核心的成本及风险管理制度，确保效益最大化和风险最小化。

有什么样的业绩就有什么样的待遇

大凡没有岗位、没有绩效的员工，就只能拿基本工资。要把任务、效益写得很清楚，达到什么条件，给什么待遇；凡是亏损的，凡是经营业绩下降的，必须降低待遇；只要完成了计划，实现在去年基数上逐渐上升，就给予奖励。分解目标本身是务实的，不要讲不可能，以前讲不可能的事，现在都可能，只是你去不去做的问题。

把出版导向管理作为日常管理的头等大事

出版产业的飞速发展，传播载体的更新和多样化，使出版导向管理面临敏感节点增多、把关要素扩大、把关领域多样、把关能力要求增强等新课题。作为上市公司，文化传播责任更大，社会关注目光更多，导向使命更重，要抓预警抓监管，确保导向有人抓有人管。在抓预警方面，设置内容导向警示牌，统一安放在公司和各出版单位楼层醒目位置，要求所有编辑校对出版发行人员每天看一遍，熟记于心，时刻敲响警钟。在抓监管方面，制定一系列规章制度，确保导向管理有章可循；明确总编辑为出版单位导向管理第一责任人，签订社会效益目标责任书，严格实行出版导向一票否决制。

重大决策要集思广益有纪律

各单位要严格遵守集团和股份公司的规定，重大投资要严格履行报告和报批手续。重大经营业务要由总经理办公会或者社委会共同商量、集体研究，不能由个别人、少数人说了算。商量是为了规范，集思广益可以避免风险。要完善相关制度，明确总经理、经营班子集体、董事会等各个层级的管理和审批权限，业务金额达到一定数额必须上报集团研究决定。认真落实大宗物品集中招标采购规定，切实执行基建工程招投标制度，严格按照财经纪律办事。

抓导向要有创新措施

公司上市之后，对出版导向管理越来越紧，在抓好"三审制"、重大选题备案制等工作的同时，重点抓了三项管理创新工作，一是在全行业首家整体导入 ISO9001:2008 质量管理体系和 ERP 管理系统，用现代管理工具抓全流程制度管理。二是在全国首创了内容导向审查表制度，并设立导向警示牌，覆盖每位编校人员案头和每层楼。三是建立公司评书议书制度，定期召开新书评议会，建立立体审读机制，查内容、查编校，确保不出问题。

方向是报纸的旗帜和生命

报纸承担着传播思想、影响舆论的职责。只有自己思想方向正确，才能有效引导舆论，才能确保舆论导向正确，确保企业运行安全。《市场星报》要紧紧围绕省委、省政府中心工作，抓住其中与人民群众切身利益密切相关的东西，推出精品力作，提高报道水平，为建设美好安徽营造积极、正面、客观、友善的舆论环境。作为一家负责任的主流媒体，要积极担当社会责任，努力传播先进文化，塑造美好心灵，提升道德素养，弘扬社会正气，鞭挞虚假丑恶。要通过我们这张报纸，引导广大读者看到希望，受到启迪，对生活和工作充满激情，对未来充满信心。

出版经纪人制度值得推广

前不久，莫言授权其女儿来打理作品，引发了社会上关于出版经纪人问题的讨论。我认为，出版经纪人制度是很好的。莫言愿意写书，但是他不愿意天天跟人打交道谈生意。他曾经讲到他不善于在公共场合辩论，所以有个经纪人来协助，就能避免文化人走上市场。另一方面，出版经纪人与作家的目的也不一样，很多好的作品一开始并不是为了挣钱，也不是为了去走市场，而是一种文学的修养，一种内心的表达，一种想和大家说故事的激情。作家去写东西，经纪人搞推广、搞产业开发，两者各得其所，相得益彰。

不能个人赚大钱、企业担风险

承包制是企业在经营初期、管理能力不足的情况下采取的办法，是管理的初级阶段，可以暂时缓解资金压力。当企业发展到一定阶段，就不能依赖这个方式，必须统一调度，加强管理，引导大家志同道合，让为品牌努力的人得到相应回报，绝不能个人赚大钱、企业担风险。在企业基础相对稳固的情况下，统一计调，整合资源，将形成企业最大的优势。上了规模，市场开拓就会水到渠成，市场份额就会增大。

做让员工开心的事

上市企业有三大任务，一是为社会创造价值，二是为员工创造幸福，三是为股东创造回报。但我们往往重视了两头而忽视了中间，幸福感是衡量企业成败的标准，不是一句时髦的口号，要花功夫真正做些让员工开心的事，使他们有期待、有关怀、收入好。

管理是冷冰冰的，但关怀必须暖人心

要恪守职业经理人理念，与职工打成一片，团结大家一道攻坚克难。企业管理是冷冰冰的，但关怀必须暖人心，要把无情管理和人文关怀结合起来，把企业文化融入经营发展全过程。着力提高员工薪酬，特别是新员工和一线员工待遇。要面对面听取员工意见，逐条研究，逐一解决，逐项答复。

要让文化人过有尊严、体面的生活

这个前提就是要给他相对较高的收入，让他事业发展得很好，有成就感，受人尊重。每个员工都有一个家庭，大都是上有老、下有小，CPI上涨很快，我们要求在绩效考核基础上，企业员工工资待遇年增长不低于10%，要保证低收入者收入水平不能低于所在地社会平均工资，努力做到"地区领先、行业看齐"，让员工有幸福感和归属感。当然，这也需要有钱养人，有钱做事。

股权激励待商量：是馅饼，还是陷阱

对有些企业来说，建立股权激励机制未必是最好办法，不说国有控股上市公司，包括很多家族企业、民营企业，通过股权激励产生很好激励效果的并不多。因为股权激励机制是有钱出钱、无钱出力的概念，管理者可能无钱但出力，出钱者也许无力管理。股权太分散，我国股市又不稳定，如果股价忽上忽下，对员工刺激很大。比如，员工很努力，企业效益很好，但股市并不完全反映企业的效益，三年后再行权，员工看不到什么希望，就不会因为有股权从而卖力。另外，股权激励是包括企业高管在内的自我激励，容易出问题，美国的公司因假账、浮盈而出问题，十有八九是高管具有股权造成的。所以，首先还是要建立企业文化，树立人人为公司做贡献、公司为人人谋福利的精神氛围。在经营上，建立业绩靠效益说话的激励机制、管理靠制度说话的约束机制、关怀靠福利说话的保障机制。

以员工收入减少为代价换取的利润，是不负责任的

做上市企业一要对股东负责，二要对员工负责，以员工的收入减少或者不高为代价换取的利润是不负责任的。我们有责任让员工更幸福，要在力所能及的情况下，在公平合理的基础上，提高员工收入，让员工更幸福。

上市企业要对两个层面负责

做上市企业要对两个层面负责：一是要对股东负责，股份公司要对大股东和社会股东负责，集团要对省委、省政府负责，确保资产保值增值。二是要对员工负责，让员工过上好日子，有好的成长机会，有一个宽松的工作环境。领导班子成员特别是主要负责人既要作风硬朗、严格管理，也要关心下属、热情帮助。这是贯彻党的

群众路线的要求，也是做好工作、凝聚人心的要求。人人都是人才，人人都可以成为人才，关键在于挖掘、培养和使用。有的单位，新招聘进来的大学生来得快走得也快，员工安不下心，企业留不住人。当初把他们招聘进来，就说明基础不错、可以培养。为什么走了？管理者要心胸宽广，有惜才之心、识才之智、容才之量、用才之能，按贡献大小确定福利待遇，靠空间、机会和平台造就人才，靠感情、待遇和事业留住人才。

要与员工打成一片

良好的作风就是促进干事并干成事，就是要雷厉风行，就是要扎实，就是要有责任感、有团队合作精神。反对那种把职位当官做，趾高气扬、脱离员工，对员工的意愿、困难和辛苦漠不关心的作风。本人、集团党委成员及各单位领导人必须讲求工作作风，讲求管理能力，讲求管理艺术，做自我约束的榜样，做勤奋敬业的榜样，做业务开拓的榜样，做动手实践的榜样，做追求卓越的榜样，做员工从心底尊敬的管理者。

要允许有不同声音的存在

所谓领导工作就是团结带领大家一道前进。一个单位要允许有不同声音的存在，因为立场、角度不同，对事物的看法也自然不尽相同，关键在于引导，求大同存小异。如果只有一个人的声音，很可能说明这个单位主要负责人不能容人容言。在我们这样一个团结和谐、蓬勃发展的集团，决不能搞一言堂，不允许一个人说了算，不要摆架子，不得有势子。作风霸道必然众叛亲离。要积极主动与团队成员和广大员工交流交心，认真听取各方意见，使大家成为真正意义上的志同道合。要富有包容心，增加亲和力，并切实将亲和力转化为个人魅力，将个人魅力转化为干事能力，将干事能力转化为前进正能量。

对员工反映的问题一定要倾听

不要对员工轻易说"不行"。遇什么事，否定最简单，是最不努力的表现。你一句话否定，伤害了他（她）的积极性。编辑争取一个机会，发行人员争取一笔业务，都是很不容易的。因为这是一个人努力的结果，是想做事的表现，也许有这样那样的"不如意"，作为领导，首先要耐心倾听，理解他们的辛苦、他们的愿望，指出存在的问题，尽量设法帮助完成。即使不行，也要再给他们创造机会、创造条件。这样才是领导，才能与员工一条心，才能带好队伍。要心贴心地帮，手贴手地带。

微博是与员工交流的好平台

原先，我在外贸行业，那时我们就用BBS平台交流，用局域网里的平台进行交流。现在，变成一个公开开放的网络交流平台了，大家都参与，我也就用微博和员工交流。在网上，我每天讲的一些有关励志、生活、欣赏类的内容，很多人都感兴趣。微博是一个很好的传播平台、交流平台，也是一个健康平台。在这个平台上，大家互相安慰，互相学习，我觉得挺不错的。

从身边小事做起

在提高核心竞争力过程中,不要忽视小问题,要注重细节;不要忘记小人物,要挖掘人才潜力;不要忽略小机会,要抢抓每个机遇;不要放弃小难题,要敢于动手解决,快速解决,务实解决。

作风和文风都要"实"

我们做任何事情都要具体到位,少讲意义,多讲办法。给集团写报告、汇报工作,不要穿靴戴帽,不要去讲"放之四海而皆准"的道理,要讲我们工作的重点是什么、眼前在做什么、长远要做什么;要明确怎么操作、什么时间干、什么时间干完、中间有什么问题、解决办法是什么。

提高效能关系企业发展

企业的效能就在于有激情、在状态,没有干不成的事,只有不愿干的事;什么事都要去争取,争取机会,争取人脉,永不放弃,志在必得;什么事多问几个为什么,多想几个办法,不要人云亦云。"无功便是过"是检验企业效能最实的标准。

抓效能就是抓作风,抓以人为本,抓工作方法,抓敬业精神,抓加强学习。

抓效能就是抓效率,就是说办就办,说办要会办,说办要按时办,说办要有专人办,说办要有领导带着办。

抓效能就是抓成果，就是能结合实际，有可操作性。抓了就有进步，抓了就出激情，抓了就出成果；要敢想、敢做，坚决杜绝有想法没办法、有看法没方法、有上文没下文的状态。

抓效能就是抓环境，有好环境、好氛围，才能好干事、干好事、干成事，这要领导带头。

抓效能就是抓执行，必须政令畅通，雷厉风行。不要光议不做，评头论足。别人干活无论结果如何，最起码是努力，评头论足就是连起码的努力都没有，坐车的批评拉车的，不是增加效能，而是"耗能"。

抓效能就是抓团队，有了团队，才能落实效能。领导出点子，团队抓落实。往往领导有好点子，没人去落实，只能空谈。

抓效能就是抓标准、抓原则、抓量化、抓考核，以达到管理效果。争先进、争名次，是一种精神、一种追求。不要以各种细节为借口，放弃进取、放弃创新、放弃跨越；不要以过去经验为借口，推诿、拖拉、抵制；不要遇事先谈担什么责任，只为困难找借口，不去研究争取结果的办法。

抓效能就是抓创新，不要墨守成规，要一切从实际出发。一些管理条例是好的，但不合发展需要和实际要求时，就要改。人是活的，制度要因势而变、因时而变。当年小岗村搞大包干，现在搞合作社，并不是以前不好，而是现在需要。不要顾面子，讲死程序，只要不违法、不谋私，出了问题、有偏差，集团担着。深圳就提出"要为创新失败"免责。走别人走过的路，嚼别人吃过的馍，如何有大发展？

抓效能就是抓形象，企业效能反应企业管理水平、企业品位、企业形象。有效能的企业领导，一定敢作为、敢负责、敢挑重担；一定能容人、有耐心、善交流；一定有提出问题的思维、解决问题的能力，遇事不过夜的作风；一定不要讲成绩都是自己的、讲问题都是下属的。

培养良好态度与做事作风

加强执行力，按章办事，是一种素质，更是一种保障，是长期良好的作风而形成的工作规范。企业的战斗力、生命力来源于员工良好的精神面貌、高尚的职业道德和严格的规章制度。细节决定一切，细节的处理最能体现员工的优秀与否。一个人基本素养的表现无所不在，比如会风就是作风，也是一个人的素质体现。开会不迟到、不早退、不乱走动、不接听手机，就是高素质。要从身边一点一滴做起，追求高尚的境界。

企业发展需要每个员工按章办事，自觉执行纪律，养成良好为人为事的作风。功夫与时间和完美成正比。做事要有头有尾、承前启后，不推卸责任。人的品格、品位、品质得到称赞，往往是你付出奉献后才能收获的。做任何事情都要讲规矩，不能按自己的意志随意做事，不能以个性说事，不能为过失找借口、开脱、辩解。我们不欢迎员工过于看重自己、敷衍了事、拖拖拉拉、斤斤计较、做事无结果。

抓落实才能见成效

俗话说：成事在天，谋事在人。做任何事，精心谋划很重要，能否落实很关键，富有成效是目的。因此，必须形成精于谋事、勤于做事、势在必得的进取精神、工作机制和良好氛围。凡事多问几个为什么，多研究方案，多关注过程，多分析结果，多总结得失。我们需要一种抱负远大的精神，需要一种吃苦耐劳的精神，需要一种奋力拼搏的精神，还需要一种稳扎稳打的务实作风，不要空谈，不要清议，每一件事情都要有记录，每一件事情都要有结果。

鼓励多干事、干成事、干好事

只要想干，就能干好；只要认真努力，就会有成果。人是被逼出来的，压力可以转化为动力、竞争力、创造力。要切实提高领导班子的动手能力和亲力亲为的作风，坚决克服"等、靠、要"思想和"胡、油、扯、骗"等不良习气。鼓励多干事、干成事、干好事，给干事的人更多机会，同时也给干事的人失误的机会、犯错误的机会。干错也是一种经验、一种收获，这次错了下次不会再犯错，也会给别人以借鉴。不干事、不会干事、干不成事，其实就是最大的误事，贻误机会就是最大的失误。

做事要有责任心

责任心是指对事情敢于负责、主动负责的态度，这是成就事业的可靠途径。我们选才用人的标准，就是要靠得住，有本事。靠得住，就是交给你的事情能放心，负得起责任。工作就是责任，责任重于天，无论干什么工作，都应该做到最好。要保持一种积极的心态，即使是辛苦枯燥的工作，也能从中感受到价值。一个优秀员工，总会主动承担更多的责任；就是做任何事情不计较、不折腾，能干成事；就是有内涵、有修养、有素质、有能力；就是同事都喜欢他，大家从内心接受他。

学习、研究、动手、展望

首先要多学习。现在很多人不看报纸，不知道别人怎么样，不知道行情，孤陋寡闻，孤芳自赏。一定要学习，不学习就无长进，不学习就不可能进步；不学习就不会思考，就感觉不到工作压力，就感受不到责任。温总理讲："我非常希望提倡全民读书。我愿意看到人们在坐地铁的时候能够手里拿上一本书，因为我一直认为，知识不仅给人力量，还给人安全，给人幸福。"大家都要记住总理的这句话，加强学习，学会思考，学习知识和技能，提高自己的能力，承担自己的责任。

其次要多研究。学习了，过眼就忘不行，还要多研究。大家要结合政策研究，结合实践研究，结合手头工作研究；要研究理论、研究技能，特别要多研究新技术、新媒体，提高自己的工作能力。

第三要多动手。不能只停留在口头讲，缺乏动手能力，缺乏干成事的办法。很多人一讲就是难题，这也不行，那也不行，事实上只要做都行，换了别人去做也可能做成。要反对那些只会讲不会做、一天到晚看别人、自己不知道做什么、讲待遇论功劳的人，这些人永远不会有机会。

第四要多展望。要像温总理说的那样，我们要仰望星空，展望未来，学会做人，做一个关心世界和国家命运的人。做文化的人一定要记住总理这句话，要有展望精神，要有大视野、大视界，要有大精神、大境界，要有点与众不同的生活格调。

切实做到不浮躁、不肤浅

浮躁的表现在于好高骛远、三心二意，不投入、不专心。遇到问题只停留在研究讨论阶段，碰到事情总是似是而非、似懂非懂，只讲原则、不讲细节，拿不出具体办法解决。给什么，编什么；拿来什么，出版什么。急于求成，追求表面、追求形象、追求数字、追求短期政绩，忽视科学的市场化的分析、运作，缺少长远持续发展的积累、策划、投入。有些编辑，做文化、做书只浮于表面，在提高书稿的内涵上，在把握编辑的原则上，在自身灵魂的投注上，都没有做深、做实、做好。做企业，要思考未来三到五年如何发展；做文化产业，要思考如何不被一些传统致命的中国文化弱点套住。这些都需要我们沉下心来，不浮躁，不肤浅。

不能养成投机取巧的习惯

投机取巧就是只做面上工作，不愿脚踏实地去做，不肯下真功夫。作为编辑，不积累不开发，只简单写作，热衷于拿来主义。不抓核心竞争力，只抓眼前；拿别人下功夫的东西出版；写稿编书，缺乏实内容、新思维、真内涵，只是东拼西凑，可能表面上看来会节约一些时间和精力，但结果往往是浪费更多的时间、精力和钱财。如果做事不能善始善终，就无法实现自己的任何追求。只有一丝不苟，才能迅速培养良好的品格，获得丰富的智慧，加速进步与成长。要抵制投机取巧，就要强调扎实的工作作风，不埋怨、不推卸、不拖沓，善始善终。

做事要有规矩，行为要有准则

以会场秩序和工作秩序为切入点，严格工作纪律，培养良好的行为规范。企业经营无小事，每件事情都是大事，细节决定成败。要求大家从手边小事做起抓落实，培养务实的工作作风，不要讲大话、讲空话、讲概念，要做成每件事、做细琐杂事，把别人认为做不成的事做成，小事天天做不出错就是成绩。

到一线去解决问题

很多人说我不一定需要亲自去处理集团基层的、琐碎的事务，但对我而言，到一线工作正是一个学习机会。只有身临现场，管理者才会真正明白成效如何。很多一线的知识对管理者是至关重要的，亲力亲为的结果会非常不一样。作为管理者，企业的战略思维必须和微小的战术结合起来，一线正是验证思路的最佳场所。在现场可以和一线的员工交流，准确地了解他们的想法。与员工一起工作，对他们也是一种鼓励，比开会的效果来得更直接。

自己出题目自己做作业

评论是非对错很容易，否定也很容易，讲如何对、如何干不容易。评论事情很多人都会做，解决问题更要有人做。谁提出一个想法，谁就要去完善自己的想法，推动这个想法落到实处。不能讲了就讲了、说了就说了，碰到难题就推给别人。有的人喜欢自己出题目、别人做作业，一大堆的想法和建议，就是不讲怎么操作，有看法无办法、有想法无方法。我们要倒过来，凡事都看怎么解决，先讲怎么解决，然后再提问题。

坚决克服官气、暮气、惰气和俗气

抓效能要结合开展社会主义荣辱观学习教育活动，形成良好的精神状态，形成严谨细致、求真务实、廉洁高效的工作作风。坚决打击那些利用社里品牌、资源发展个人渠道的恶劣行为，发现这类问题，要狠抓，抓到事，抓到人；坚决禁止擅离职守或在工作时间上网聊天、炒股、玩电脑游戏；坚决杜绝推诿扯皮、敷衍塞责甚至故意拖延刁难的现象。

抓落实的重要方法就是分解目标

分解目标，不是简单的个人承包，要用人所长，人尽其才：对有能力的同志，要敢于压担子，让他得到更进一步锻炼；对能力相对较弱的同志，要给他机会，通过培训提高技能；对有积极性、暂时没业绩、没能力的同志，要给予理解，耐心培养，不要荒废、丢弃任何人，除非他不努力。

在分解目标时，每一个人都要勇挑重担，不要讲不可能。任务分解要实事求是，既要量力而行又要尽力而为，领导人一定要亲力亲为。不要压、不要撑、不要糊、不要蒙。任务一层一层分解下去，责任一级一级承担起来。企业不是某一个人的，是大家的，是每一个人的。企业兴旺，人人光荣；企业衰亡，人人耻辱。我们需要的是一种风雨同舟、荣辱与共、同心同德、齐心协力的集体荣辱感。有了这种荣辱感，就没有办不成的事。

人人头上都要有压力

有些人不去多思考、不愿多动手，懒惰、散漫现象偶有发生。要切实防止懒惰。要想方设法让懒人混不下去，让闲人无处可藏，要让人人头上都有压力，人人都要为发展使出全力。

不当"甩手"掌柜

管理粗放、工作粗心等粗化现象还不同程度地存在，必须针对各个工作环节，逐条细化管理，加强落实。领导干部不能当"甩手"掌柜，不要等别人汇报，别人也许不知问题出在哪里，不知道汇报什么，甚至还不明白一些事。所以，要关注细节，主动询问，及时发现问题，协调解决。

每天都要烧开水冒泡泡

每天都烧开水冒泡泡的企业，就一定能烫得员工坐不住，企业就发展了。一坐下来，就有一些事情让你立即站起来，哪怕这些事很小很缥缈，都要你去做。那么，你的情绪就一直在激动和兴奋，就会形成一种动力，歇不下来，"时时有激情，事事在状态"，就想干事，干大事。

企业文化是一个企业的灵魂

5年企业靠人格魅力，10年企业靠制度管理，50年企业靠文化建设。一个优秀的企业就是以共同的价值观凝聚人心，把大家的激情激发起来，把观念转变过来。我们共同的价值观是什么？就是兢兢业业做事，超常努力，争创一流；培养团队精神，提倡员工和集团共同成长；创造一种想干事、多干事、干成事的做事环境，营造一种有激情、在状态、充满活力、和谐向上的工作氛围。提倡学习，尊重知识，邀请专家学者来集团给员工讲形势、讲政策、讲经营、讲管理，扩大眼界，开拓视野，丰富知识，提高品位。要广泛开展丰富多彩的企业文化活动，既丰富员工的业余文化生活，也营造健康、有益、和谐的企业文化氛围，同时还能发现很多人才。

企业文化决定企业未来

企业文化决定工作机制，机制决定人才，人才创造财富。我们始终致力于建设企业文化，培育共同价值观，并以此来引领人、培养人、造就人。安徽出版集团是一个红彤彤的大熔炉，任何一块黑煤球进了我们这个大熔炉，就会和我们一起变红；反之，如果我们这个大熔炉都是黑煤球，任何一块红煤球进来后都会变成黑煤球。希望集团每一位员工都是我们这个红色大熔炉中的红煤球，激情燃烧，红红火火。

企业文化是所大学校

环境能够改变人，要给人才创造积极的环境。我们要用文化育人，用环境育人，用企业文化这所大学校培养造就人。要增强忧患意识，但"忧"要放在心里，自己明白即可；"喜"才是目标，要把自己的目标讲出来，然后朝着这个目标去努力。任何时候、任何企业，都不能因为有困难而不发展。我们要坚持不懈通过环境的熏陶，加强学习和培训，让每一名员工都能做到有激情、在状态，有点子、找办法，众志成城把困难克服掉，齐心协力把企业搞上去。

越是基层单位，越需要注重企业文化建设

企业文化和经营发展呈正相关关系。从集团各单位发展的实践看，一个单位经营发展得好，企业文化就开展得丰富多彩、生动活泼；反过来看，一个单位企业文化建设得好、活动开展得多，这个单位员工的精气神就足，就能够促进经营。越是基层单位，越需要注重企业文化建设。要加强党团工会等基层组织建设，发挥他们的积极作用，广泛开展各类群众性文化活动，进一步凝聚人心，振奋精神。

好的作风会铸造好的企业文化

要注意培养团结、务实、奋发、勤俭的良好作风，就是要鼓励

干事并干成事,就是要雷厉风行,就是要扎实,就是要与员工打成一片,就是要有责任感、有团队合作精神。各级领导班子要强调从自己做起,从身边的事做起,不姑息、不懈怠、不无所事事。把心思和精力都放在工作上,不讲排场、图虚名,不奢侈浪费;严格控制职务消费,不贪图私利,不侵占国有资产,不损害股东利益和员工利益。

道德是企业文化建设的风向标

要锤炼优良品德。一个企业的进步和发展,不仅表现在经济效益的显著提高上,而且表现在企业文化建设上,特别表现在员工品质、道德上,表现在员工、管理团队的敬业上。道德是企业文化建设的风向标。一个没有道德的企业是不可能建成一个长久的企业,也不可能为社会、为员工做贡献。所以,一个有道德的企业必然要求所有员工讲道德,有社会公德、职业道德、家庭美德。集团对所有员工都给机会给舞台,不受学历、资历、年龄限制,重在表现、贡献和人品,要求大家不仅业务精湛,聪明能干,而且道德高尚、品质优秀、爱党爱国、爱集团、爱事业。在当前一些地方和领域道德失范的背景下,集团强调道德建设更有重要意义。每一个人都要从小事做起、从自己做起、从现在做起,"学雷锋、做好人、改陋习、提素质",争做"集团好人"、"安徽好人",让"小悦悦"的悲剧不再重演。

精神比什么都重要

成功的道理千万种,失败的道理都一样,就是没有积极向上的精神。一个企业的精神状态决定了这个企业的发展,精神比什么都重要。安徽出版集团的差异化竞争力就在于精神强、观念强、执行力强,拼命上、不放松、不放弃。

精神状态是履行职责的前提

要实现集团的战略目标，关键在于真抓实干。各单位领导班子要进一步改进作风，坚决克服"等、靠、要"思想和胡、混、拖等不良习气，反对清谈高议和有想法没办法的行为，真正深入市场、深入一线、深入到员工中去，切实提高动手能力，多干事、干成事、干好事，以自己的实际行动引领和感染广大员工。

要有一个好的精神状态

要认真解剖自己。眼光比能力更重要，精神比资本更重要。关键要有勇气革自己的命，先改变自己，才能改变别人。要杜绝清谈高论、不思进取、怕难找借口等现象，不断创新发展思路。

要不断强化危机意识、长远观念。要居安思危，始终保持清醒头脑和创业激情，不盲目、不自满、不畏难、不止步，坚决克服骄傲自满、不求上进、得过且过等不良倾向。

要注重不断学习，学以致用。要切实提高学习能力、思考能力、动手能力、交际能力、营销能力，以干成事为目标，潜心做好分内事、手头事。

要坚持创新思路、勇于探索。靠改革创新彻底铲除发展中的一切消极因素；靠改革创新实现上下协调一致的高效管理，靠改革创新进一步明确产业发展的宏观思路和微观途径。

"鸭梨"大一点，"山"就更大一点

生活的乐趣往往就是工作的乐趣，工作的乐趣往往就是生活的方向。做好工作，就是过好生活。干活时好好干，该玩时好好玩。就如同我当时上学考试时，大考大玩、小考小玩、不考不玩、考完彻底玩。"亚历山大"是工作的乐趣，也是工作的动力，更是学习的机会。"鸭梨"大一点，"山"就更大一点。要认识到人生的价值、

乐趣，充分过好每一天，提高自己的生活质量，做好自己的工作，随时发现，随时学习，随时提高。

树立只能前进不能后退的观念

不发展就会被淘汰，曾经的光荣也将不复存在。没有一个人愿意在窝窝囊囊的企业工作，没有一个人不想在斗志昂扬的团队做事。因此，我们要心往一处想，劲往一处使，树更高目标，下更大气力，付出更多努力，在前进的道路上，走得更稳更快更好。

发展就像吹泡泡，只能往上吹，不能往下吹

创业难，守成难，知难不难。困难是客观存在的，只要想发展，一定会或多或少碰到一些困难，但不能让困难成为影响前进的理由。市场是无情的，任何关于困难的借口和解释，都是自我安慰，是精神麻醉，在市场面前都苍白无力。发展就像吹泡泡，只能往上吹，不能往下吹。民营企业有任何问题都是自己去克服，我们国有企业碰到大的困难，集团都是努力创造条件提供支持、帮助解决。各单位对困难要时时心中有数，抓紧研究对策，积极设法化解。要学习民营企业坚韧不拔和自我努力的精神。实践表明，只要是想做的事，下真功夫，就没有克服不了的困难。只要善始善终，必定善做善成。

把困难踩在脚下

信心永远都要存在，一个企业如果没有信心，就等于没有生命、没有灵魂。保增长、求发展不能有任何借口，更不要拿金融危机当借口。市场时刻都有危机，何况出版业根本就没有受到影响，反而有很多机遇，比如内容更多了、纸张降价了、读书的人多了等。如果说存在危机，这种危机不是外在市场危机，而是我们内在的信仰

危机、信心危机。如果没有战胜困难的信心，没有自我挑战的信仰，不相信自己的能力，不努力克服困难，而是怕困难、找借口、没想法、没办法，注定要失败。

诉苦，是无能的表现

没有哪个产业是夕阳产业，从来没见过夕阳产业，只有夕阳产品、夕阳人，只是转型问题，只是转型迟早的问题。比如做胶卷的产业，由于受到数码相机的冲击，产品滞销了，结果呢？产业转型了。所以，做产业要有信念，做产品要有信心，要有面对市场解决困难的勇气和决心。不要整天想着难啊难，有谁愿意听你诉苦？有谁愿意你把畏难情绪带给周围的人、感染周围的人。如果你整天诉说自己穷，谁还会借钱给你？虽然我是穷光蛋，但我有一身的本事！市场上只有和你分享快乐的人，没有帮你分摊痛苦的人，全世界都没有。当然，不是说不能讲困难，而是希望在讲困难的同时，也讲解决困难的办法，建议领导给予什么帮助。领导觉得你的建议有道理，就会帮助你。

如果你哭啼啼，别人就认为你惨兮兮

困难是客观存在的，但困难不能决定一切。世界500强企业都有各自的困难，但从没听说他们叫苦叫难。"如果你哭啼啼，别人就认为你惨兮兮；如果你很软弱，别人就认为你没出息"。如果与银行讲困难，银行就不敢贷款给你；如果与股东和主管部门讲困难，他们就对你不放心；如果天天叫苦，就没人敢关心你。行就往前走，不行就退出去，被淘汰。要知难、解难、不畏难，可以反映困难，但更要带着办法和上级探讨怎样克服困难、战胜困难。

"不想干"比"不会干"更可怕

没有干不成的事,只有不愿干的事情。"不想干"比"不会干"更可怕。所以要有积极主动的精神,抓住一切现实商机,找到新的增长点;有机会就决不放弃,一旦抓住就必须做成。只要抓得好、抓得紧、抓得快、抓得细、抓得实,也一定能够做成。要做就要志在必得,要做就必须优秀、必须卓越,否则就选择退出。

不能总是自我欣赏、自我满足

做企业不能总是自我欣赏、自我满足,甚至自我陶醉、自我麻醉。要经常考虑比别人差在哪里,还有哪些方面没有做到,还有哪些领域需要开拓。要有主动找任务、找目标、找困难的精神,不然任务和困难会主动找上门。

绝对不能找借口

碰到问题要主动查找自己的不足,主动找别的出路,绝对不能找借口、找别人的原因、找大环境的因素。任何事情都有多面性,解决问题的出路有千百种,就看你愿不愿去找,能不能找到,会不会解决。

坚决不做井底之蛙

井底之蛙目光浅,与事业发展格格不入。集团发展形势很好,但是我们要看到危机。没有很高眼界和宽广视野,办法会越来越少,事业也就越做越小。要扩大视野,多学多看,学会怎么看问题、怎么解决问题,不要满足于自己岗位上的事,只盯着眼前事。为什么创新这么困难?就是很多员工不懂新技术、新模式,眼界不宽,没有去探讨这些东西。

一个进取的公司必须热火朝天

人在鼓励的大环境中才能成长，好的环境，领导一定要具有号召力、引导力。我们有责任创造想干事、干成事的环境。创业就是有条件要上，没有条件创造条件也要上。一个进取的公司必须热火朝天，一个不进取的公司必然一潭死水。一些年轻人提出了若干很重要的新想法，要认真对待，比如提出要以共青团为基础成立项目组等。

永远不失去光彩

我想送给大家三句话，希望引起大家重视。第一句是汽车广告：Always Be Special（永远都拒绝平庸）。第二句是日立司语：Inspire To Next（永远都要有目标），要激励自己向下一个目标不懈努力。第三句是 Never Fading Charms（永远不失去光彩）。这三句话对安徽出版集团也至关重要。发展创新中，任何事都没有对与错，只有成与不成，只要发展，只要员工得实惠，就是硬道理，所以只有拒绝平庸，不懈努力，才能光彩永驻。

主动争取，争取主动

在同等条件下，凡是同行有的我们必须有，同行没有的我们创造条件也应该争取有；凡是集团制定的目标和任务必须完成，凡是集团看中的资源和项目应该志在必得。不言败、不放弃、不懈怠，进一步营造鼓劲加油、奋力开拓的氛围。

客观永远不能做借口

不要讲客观，客观永远都是借口，主观才是动力。每个人都有理由，但是理由解决不了问题，做成事有效果才是解决问题，否则都是空谈、都是失败，这才是解放思想的重点思维。要超常规思考，

"以成败论英雄"的说法虽然有点苛刻，但是事实不能否定：成了就是收获，单位就存在，企业就发展，员工就有幸福；败了就是损失，就是教训。

求人不如求己

发展要靠自己，不能依赖环境、依赖作者、依赖下游、依赖民营；工作中不要依赖他人。防依赖，就是找到自己能站得住、立得稳的东西，要提倡顶天立地的精神，提倡挑战自我的魄力。

创造条件也要上

企业没效益，谈不上福利；个人不做贡献，企业不能发展，个人待遇也就无从保障，所以，要人人奋勇争先，创造条件去完成任务。有一部《创业》的老电影：当年大庆石油工人一声吼，为丢掉我国贫油的帽子，提出"有条件要上，没有条件创造条件也要上"的口号，就是我们讲的"有激情、在状态"的同义词。世上没有办不成的事，只有不想办的事，在我们集团有很多例子可以证明，当年很多人认为办不成的事，现在都办成了，因为我们有集团的优势资源，有良好的管理团队，有"有激情、在状态"的敬业精神，有志在必得的市场竞争意识。

不要像温开水

热爱我们的团队，热爱自己的岗位，首先要有激情，有热情。有的同志就像一脚踢在棉花堆里了，软绵绵的，没反应。领导者要像皮球一样，把皮球踢多高，要反弹回来，有了弹力，这样大家才都有干劲。那种软绵绵的、没有想法、不管错对都在混的领导者不足取。一个充满活力的企业，员工一定要有激情。

要有"挖"的精神

保增长、求发展要做到"九挖"。一要挖潜力、挖内容、挖资源。对出版单位来说,要通过大力挖潜力、挖内容、挖资源,多出好书,多做精品,增强产品竞争力。二要挖人才、挖团队、挖项目。对全集团来说,要通过挖人才、挖团队、挖项目,提高人才队伍素质,增强核心竞争力。三要挖点子、挖思路、挖信息。对全体员工来说,要通过挖点子、挖思路、挖信息,激发活力,创新闯新,增强队伍创造力。

不做永远是零,做了就是一

我们要求员工,既要努力做好本职工作,还要主动去做分外的事。得过且过,"等、靠、要",是不会有任何好结果的。优秀的品质靠修养而来,只有提高自身修养,才能真正提高责任心、能力和水平。品质是个人的内涵,品位是在任何细节上的完美。重要的工作,我们总是交给积极肯干的人去做。任何事情都有困难的一面,关键在于做起来。不做永远是零,做了就是一。做事,就有可能出错,就会有经验教训。无论错对,做事的员工都可以使用培养,不做也不错的空白零员工,永远不能使用。

每天都是新起点

我们的企业环境良好、条件优越、资本雄厚,并且有精神、有文化、有远大目标,对年轻员工来说,具备广阔的发展前景和足够的发展平台。无论企业还是员工,天天都要有新起点,但终点却永不存在!我们的图书要面对千万读者,如果你能编出面对千万读者这样的图书,你的书就是策划得好、编得好,你将受到人们尊敬。我们的企业,就是要为大家提供这样的创业条件。年轻的朋友,我们要珍惜这来之不易的岗位,无悔于你的选择,无愧于集团为你提供的机遇，无悔、无愧于你身处的时代！

对事业要有激情

事情成功与否，往往是由做事的决心和热情的强弱决定的。一名优秀员工，一定热爱工作、追求卓越，以积极的心态对待工作、对待学习、对待生活，随时随地保持热忱饱满的精神，凡事用心对待、精心谋划。用心做事，就是用负责务实的态度，去做好每一天中的每一件事；用心做事，就是指不放过工作中每一个细节，并能看透细节背后可能潜在的问题。一名优秀员工，要对事业有激情，就必然敢于迎着困难上；要对工作有热情，就必然具有积极的工作状态和无私的奉献精神；要对同志有热心，就必然有团队协作、共同进步的合作精神。一名优秀员工，肯定能用热情、干劲、业绩感染他人，带动所有的人优秀，这才是真正的优秀。因此，企业是否良性发展、茁壮成长，核心在人。我们安徽出版集团，虽然上下很有执行力，但与真正做到有激情、有热情还有很大差距，还有很多瓶颈。企业文化，就在于调动员工的一切积极性，保障执行力，保证企业高速发展。

背着教材到处卖

我们出版集团要改变什么观念呢？天天讲"有激情、在状态"，但应该做什么，才是有激情，才能在状态呢？不是口号，而是切切实实的活动！比如集团教材中心，"有激情、在状态"，就是表现在背着教材到处卖，这是他们的总结，有道理！总结得好！背着教材到处卖，原来有这概念吗？原来没有这概念，原来是该怎样就怎样，有就有、没有就没有，现在你不卖，市场就丢了，而且集团的考核也跟着你们每个人。因而我们集团转变观念就只有一句话——没有干不成的事，只有你不想干的事。现在集团做的很多事，在以前都是没有想过的，很多人以为干不成的，现在都干成了。

每天前进一小步，就会有新高度

有一句话是这样讲的：你永远是自己面前最高的一座山，但只要你每天前进一小步，你就会有新高度。要克服浮躁、投机、封闭的传统弊病，不畏缩、不懈怠、不止步，勇于挑战自己，勇于打破常规，勇于走别人没有走过的路。

要胸怀大局，要善于调动一切积极因素，化解一切可能的矛盾，以大局为重，以发展为要。不要以我为核心，要以事业、企业为核心，其他一切的自我都不应成为发展的障碍。

公司就是热乎乎的杯子

好咖啡总是放在热杯子里的，这样才能品出好咖啡的味道，所以热杯子很重要。人才，也要有热乎乎的环境，才能发挥作用。热乎乎的环境，就是一个好舞台，有关爱、有理解、有支持。员工就是好咖啡，公司就是热乎乎的杯子。

任何人都不要强调困难

我们强调要全面提高执行力。集团的要求必须执行，交代的任务必须完成，没有讨价还价的余地。我们反复讲，任何人都不要强调困难。组织把你放在这个岗位上，就是要你解决问题，如果没有困难，企业要你干什么。总是叫苦叫累，反映的是自己无能。我们改变了文化企业一谈工作就讲困难、讲不行的习惯，我们现在做任何事，都是先讲怎样才行，不讲怎样不行，多讲怎样才能做得更好。

每个人都是"红煤球"

一个企业的环境决定自身的发展，人在鼓励的大环境中才能成长。红煤球放进黑炉子，很快就会熄灭；而黑煤球放进红炉子，很快就会红红火火。环境都是人创造的，我们每个人都要参与创造环境，都要做红煤球。这就是我们的企业文化，能够激励人努力向上、引导大家志同道合的企业文化。企业的竞争力就在其企业文化，也就是企业的价值观。

每个人都要独当一面

人才是立社兴业之本。我们把集团报纸改版命名为《市场星报》，报头选择蓝色，就是要把蓝色这个"国际色"作为我们的底色，培育造就一批具有全球视野、国际眼光、大局意识、进取精神的经营管理和新闻采编队伍。坚决避免"有人力缺人才、有梯子缺梯队、有理论缺理念"现象，引导广大员工既志存高远也脚踏实地，既会说也会干，既能出题目也会做作业，在报社发展中挑大梁、干大事。报社年轻人多，要克服急躁浮躁情绪，自己的事自己要干好，不在乎有多少人，而在乎有多少认真干事的人、干成事的人，不要成为包袱，要成为财富。每名员工都独当一面，报社将会"星"光灿烂，前途无限。

忍辱才能负重，负重必须忍辱

忍辱负重，就是要敬重和专注自己的工作，在任何环境下，都把敬业当成一种习惯、一种本分。不管做什么工作，只要有敬业精神，就更容易成功。一名优秀员工敬业的重要表现，就在于忍辱负重。忍辱才能负重，负重必须忍辱，这指的是做好工作是要付出代价、付出努力的。

和谐是动力

和谐的环境对企业发展至关重要，既是原动力，也是润滑剂。要以制度建设维护和谐，以企业文化培育和谐，以产业发展巩固和谐，使和谐与企业共生共荣。

打造和谐三条线

一是打造企业与政府管理部门和谐。这样才会得到更多的帮助和支持，才能有一个良好的外部环境。二是打造集团总部和所属各单位和谐。各成员单位自主经营，集团宏观指导，创造条件和平台，促进发展。集团是个密不可分的整体，要追求共同价值观，加快发展、做大做强企业就是我们共同价值观。三是打造集团在职员工与老职工和谐。老职工为出版事业做出了很大的贡献，大家能在这个岗位上成长，与老职工的帮助、关心是分不开的。创造的价值必须有一部分要回报给社会，必须有一部分回报给前辈，必须有一部分回报给员工，这样才能和谐，才能发展。

人人
　　都是人才
人人
　　都可以成才

Thought·Awareness

人才定、天下定

我们强调人才定、天下定，重在建立"发掘、培养、使用、提高"的人才创新机制，使一大批人挑起了重担，创造了业绩。大家普遍认识到，只有提高能力，闯新创新，造就"人人为企业做贡献，企业为人人谋福利"的企业文化，才能持续跨越发展，使员工与企业共同进步。

人，离不开文化；文化产业，离不开人

人生的全部轨迹都离不开文化的影响。作为从事文化产业的企业，就是要提高文化传播力、影响力、市场活力；作为从事文化创造和传播的企业，就是要构建出能影响他人的文化。这就要求文化产业者首先自身要有文化，确切地说是要有很深的文化内涵、很强的文化影响力和渗透力。

人才是最重要的生产要素

出版业属于智力经济，人才是最重要的生产要素。这个行业是典型的人在财聚、人走财散，必须有纽带留住人，必须有机制留住人，必须有平台留住人。人才必须蓄积，必须筛选，必须人尽其才、才尽其用。集团的成立搭建了一个便于思想交流、碰撞、砥砺，使各种信息、知识、经验共享和互动的开放性平台，有利于打破资历、学历、岗位、单位等条条框框，加大融合，集中培训，交流使用，为人才的引进、培育、激励等营造良好的环境，做到以事业凝聚人，

以发展吸引人，以机会培养人。

培育人才梯队，推动人才辈出

要坚持以人为本，坚持培训教育，大力弘扬创新精神，培育有激情、在状态的人才梯队，形成人才辈出的局面。要发挥引进人才的"鲶鱼效应"作用，让引进人才把在社会上形成的新理念、新做法、新看法说出来，碰撞出不一样的新思想、新想法。

企业的竞争最终归于人才的竞争

文化产业是朝阳产业，是交叉产业，是创意产业，人才是最重要的生产要素，是各类高、精、尖人才的用武之地。通过引进与培养方式，发现人才、使用人才，发挥人才的智力资本优势。人才如何才能聚集呢？人才是流向有希望、有朝气、有风险投资启动的产业，流向有稳定收入、有成长机会的岗位，流向有作为、有创造的平台。

人才是企业立足之本

文化智力行业的本质是以人为本，人在财聚，人走财散。我们遵循"人人都是人才、人人都可以成才，重在发现、培养、使用"的新型人才观，尊重知识，尊重人才，充分体会到有能力的职业经理人团队比资本更重要。无论企业如何发展，留住会经营运作的管理团队，留住人才，留住员工的心，才能保住品牌，企业才有价值，否则会是一场空。

集团实施人才工程的六大举措

集团实施人才工程的六大举措是：高端人才引进与大规模招聘贤才并举，外部引进与内部培养并举，深度挖掘与宽容锻炼并举，专业化使用与复合型培养并举，注重管理层人才与注重基层人才并举，关怀在职人才与关心离退休人才并举。

通过实施这六大举措，使人"活"起来，事"火"起来，品牌"香"起来，企业土壤"肥"起来。只有搞活搞火，才能有新思想，才能有新局面。

培养人才是企业最根本的任务

文化产业的投入重点是在人才的培养上。人才不可能是现成的，而是在边干边学、边使用边培训中逐步造就的。集团制定、完善了配套培训措施，设立了人才培训专项资金，通过集中培训、国际合作和实践锻炼等多种形式加以培养，对重点人才提供重大项目，在实践中锻炼员工。与资质信誉优良的机构合作开展人才培养项目，选派外语好、能力强、素质高的年轻人才到国外培训、学习。

人才能强企，人才能兴业

对文化产业来说，最重要的是人才问题，是人才团队问题；最关键的是人才观问题，就是人人都可以成才的新型人才观。我们首要是创建各类优秀人才融合的团队和人人都能够成才的成长环境，以人为本，系统培养，尽力调动积极性。我们集团发展的重点就在于创新观念、发挥团队作用，在于创造环境。

人才是文化产业发展的最核心元素

要抓好文化产业人才工程，为可持续发展奠定坚实基础。要大力培养和引进经营管理人才、文化经纪人才和科技创新人才，尤其是能适应多种产业融合需求的文化资本运营人才、系统数字技术软件开发人才和媒体产业经营管理人才等文化产业急需的各类专门人才，强化学习能力、动手能力、应变能力、创新能力、发展能力，为文化产业可持续发展积蓄充足的人力资本。

优秀人才是企业发展的基石

当今社会的竞争说到底就是人才的竞争，更是优秀人才的竞争。人才和企业的关系是相辅相成的，优秀员工比例越大、企业文化越好，企业生存力就越强。优秀的企业一定有优秀的人才，因为优秀的企业文化吸引优秀的人才，同时卓越的人才又会促进企业卓越发展。越是发达的企业越能吸引更多优秀人才，这是企业与人才的良性循环，是企业力争要做到的。真正优秀的企业文化，就是"静水流深""润物细无声"，其作用潜移默化、强烈持久，有助于培养好人才，使用好人才，留得住人才，造就一批高素质、高修养、高文化的优秀人才，使其在一个良好的氛围中共同创造企业价值，同时实现个人理想和愿景。

员工就是企业的核心竞争力

核心竞争力就是员工良好的基本素质、综合能力和精神面貌。因此，企业发展关键在于抓能干成事的人才，抓始终创新的观念，抓又好又快的发展。优秀员工是人才选拔的基础，人才要靠发现、靠挖掘、靠培养。

人才是企业发展的关键

加大人才引进力度，特别是急需人才、成熟人才、领军人才，要破格以求，大胆使用。同时设立人才培训专项资金，常抓大练兵，着力提高队伍的市场意识、国际视野、战略思维、大局观念。下决心解决用人体制机制问题，真正以事业凝聚人，以发展吸引人，以任务培养人，以荣誉激励人，使各类人才创业有机会、干事有舞台、发展有空间。

人才创新是支撑

人才是企业的第一资源，是兴业之本，壮企之基。文化产业的发展更是离不开高素质、高层次人才的支撑。我国文化产业之所以缺乏强大的竞争力，原因之一就是缺少一批懂市场、懂经营、懂管理、懂策划、懂技术、有品味的专门人才。树立人才至上的观念，真正做到尊重人才、善用人才、爱护人才，以科学的人才观赢得创新优势。建立不拘一格、破除论资排辈、求全责备观念的人才选拔机制。注重引进外项型、复合型、精业务、善操作、会管理的高层次人才和领军人物。建立全方位、多层次、互补型人才体系和人才激励机制。创造各类人才展示才华、施展才能、实现价值的舞台，形成以业聚才、以才兴业、人才辈出的良好环境。

文化产业发展一定要激活人才

文化产业是知识性、智力性密集产业，人是影响产业发展的决定性因素。人力资源也是人才资源。人，不是包袱，并且要变成财富。我们遵循"人人都是人才、人人都可以成才，重在发现、培养、使用"的新型人才观，尊重知识，尊重人才，有能力的职业经理人团队比资本还重要。集团成立以来，最成功的不是发展业绩，而是培养造就了一支"有激情、在状态，想干事、会干事"的优秀团队。

文化体制改革第一代企业负责人要带好队伍

如果想带好队伍，打好基础至关重要。我们是文化体制改革第一代企业负责人，如果这支队伍观念不转变、能力不提高，这支队伍的坯子就坏掉了。而带好队伍的核心就在于培育共同价值观，我们公开宣布所有员工要有共同价值观。集团要有共同的理念、追求、行为方式和为人准则，不同志不能为伍，你不和集团价值观保持一致，就请你在边上学习，让志同道合的人来干，等你理解并实践了价值观，我再用你。集团尊重每个员工的理想和才华，但员工要遵守集团公司的意志；集团满足员工合法合理的利益，但员工要维护集团整体利益，执行集团的意志。

企业的最大失误是在发展中没有培养出优秀员工

一个企业要健康发展，往往靠几代人的不懈努力。一个员工的不负责任，特别是一个主要负责人的不负责任造成的失误，会毁了一个企业。一个企业在发展中没有培养出优秀员工，是企业的最大失误，是不能保障企业长远持续良性发展的。优秀的企业，各单位和部门负责人应该最先、最快成为优秀员工。作为国有企业负责人，要对国家负责，对民族负责；作为工作人员，要对你的单位、你的岗位负责。

做财富，不要做包袱

每个员工都要明白，你在企业是财富还是包袱，是财富就有贡献，是包袱就离开，选择不是包袱的地方。在企业，没有业绩就没有商量；在企业，就是以数字说话，以效益说话，以贡献说话。

人人都是人才，人人都可以成才

人才决定发展速度，当今市场竞争的实质是人才竞争，而人才缺乏是制约集团快速发展的瓶颈。要围绕培养人才、吸引人才、用好人才三个环节，建立完善的人才引进、使用、激励机制，重点抓好经营管理队伍和专业技术队伍。管理层和员工都要认识、分析自己，你到底是企业的财富，还是企业的包袱？管理层占位不做事、做不成事，就是包袱。员工，不敬业、无技能、没业绩、没方向，就是包袱。

人才最重要的是品质

品质好、素质好，能克服任何困难；品质不好，自己成就不了事业，也会带坏团队。格力空调总裁董明珠说，她挑选接班人看三个条件：忠诚、奉献、诚信，这也是我们的管理人员和员工应该追求的品质。各企业带团队，就是要带出这样的团队。我们选人用人不是完全从商业角度考虑，不是简单地从高校里选博士、硕士，我们看重的是，大家丰富的经历、多彩的实践和宝贵的经验。希望大家把各自的经验、教训、品质、对企业文化的理解带到集团来，带到岗位中，在集团共同价值观指导下，丰富我们的企业文化。引进的人才是推进集团发展的一支重要力量，一定程度上代表了集团的希望，大家要严格要求自己，在品格修养上做广大员工的表率。

信仰是一个人立身成才的前提

信仰是每一个民族和国家必须拥有的，也是每一个人，尤其是每一位青年必须拥有的。有信仰的民族和国家才是有希望的，才是有发展前景的；有信仰的人生才是鲜艳的，才是丰富多彩的。信仰是标准、是原则，有了信仰才有了判断是非的标准。信仰是一切工作的根本，有了信仰，工作才能"有激情、在状态"。信仰，从宏观上讲，要学习、理解、践行党的路线、方针、政策，把思想和行动统一到党的指导思想上来；从自身上讲，要立德、立言，做人有标准、有准则，这也是信仰重要的方面。要讲究社会公德、职业道德、家庭美德，做一个正直的人，做一个有贡献的人，做一个让别人尊敬的人等，让这些方面成为信仰的内容，恪尽职守，恪守人生的信条，这才是快乐工作的源泉。

有大信仰才会有大气象

信仰不一定要挂在嘴上，但一定要存在心中。只有信仰才能支撑人走得更远、走得更快。有大信仰才会有大气象，才会有大作为。要向先进人物看齐，不计较个人得失，不能有私心杂念。要敢于担当、勇于承受、乐于奉献，多吃亏、多挑重担，吃苦在前、享受在后。

树立崇高理想

理想，是责任、抱负和信仰。没有行动，理想如同白日梦；没有理想，行动如同白忙。青年人富有遐想和抱负，憧憬美好未来，这是青年的特点，也是优点。但需懂得，个人的抱负不可能孤立地实现，只有把它同时代要求和岗位实际结合起来，自身价值才能得到实现。如果脱离时代，脱离实际，必将一事无成。在青年时期就要确立正确的世界观、人生观、价值观，并自觉地把个人的理想融入事业的发展中、时代的发展中、集团的发展中，在为集团建功立业中实现抱负。

要提高自身修养和素质

一个人特别是一个企业负责人要有一个好口碑，即使你今后不在岗位了，也不会失去威信和尊敬。因此，作为企业负责人要不断提高自身素养，培养好作风。要加强沟通，善明人意，礼贤同事，向同行学习，向开拓者学习，不要只讲大道理。要认识到我们不是官，是党和国家及群众委托的职业经理人，要为企业、为员工承担责任，做出贡献。不要摆架子，不要忘乎所以，不要主观武断，不要好高骛远，不要追求政绩工程，不能把企业利益当作政治跳板，要潜心做事，专心发展。

有知识、懂道理、重品行

要遵守党纪国法，团结关心同志，堂堂正正做人，规规矩矩做事，兢兢业业工作，既干事，又干净，道德上成为一位楷模，让别人一提起来，就竖大拇指，而不是戳脊梁骨。党性锻炼和道德修养永无止境，所以要活到老、学到老、改造到老。

做文化的人自己要有文化

人生的一切轨迹都离不开文化的影响。作为从事文化产业的企业就是要提高文化传播力；作为从事文化创造和传播的企业，就是要构建出能影响别人的文化。这就要求文化产业者首先自身要有文化，确切地说是要有很深的文化内涵、很强的文化影响力和渗透力。这不仅能为别人素质的提高做出贡献，同时也在增加自身的文化底蕴。

文化底蕴体现在品格、品质、品味上

评价一个人的主要标准不是他的能力，而是他的品质、内涵。我们看重一个人，首先注重的是他的品质，其次是专业水平，最后才是能力。文化产业者首先要明白，自己的文化要有足够深远的内涵，才能做好文化。无论是从个人来看，还是从团队来看，内涵都是最重要的。优秀的品质是优秀员工最重要的内涵，优秀的品质包括良好的品德、职业道德、学习力、毅力、忍辱负重等要素，只有不断努力奋进，切实提高个人素质，修炼良好品质，才能保证个人有品位，企业整体有品位。

提高员工的品位、能力和能量

有的人有品位，但没有能力；有的人有能力，但释放不出能量。要提高文化企业员工的品位，要有崇高的人生追求、高尚的价值观，做事要大气，做书要出精品，做工作要出彩，不能低俗、庸俗、媚俗。培养员工动手操作、开拓运作、与人交际能力，培育人脉资源，让每个员工身上蕴藏的能量都释放出来。

人能否被记住，在于做了多大事

广东省原省委书记汪洋，曾在省委全会上念了两份名单。一份是：傅以渐、王式丹、林召棠……现场一阵沉默。第二份是：顾炎武、蒲松龄……现场不少声响。汪洋笑道：第一份是科举状元，第二份是落第秀才。人能否被记住，不是你做多大官，而是看你做了多大事。

高管必须首先优秀

要让大家认识到，要想有优秀企业文化及优秀员工，首先要有优秀高管团队。我们要求高管必须优秀，让群众认可、拥护。越是在一个管理规范、民主、科学的企业里，工作氛围就越好，成长就会越快。国有企业领导既不是官员也不是专家，而是职业经理人，应该和大家一样具有很强的职业道德和社会责任感，要让企业成功地发展，让员工各方面满意，让企业文化在员工心中生根发芽。有这样良好的企业文化，就会促使各级管理人员提高素质，逐步由优秀到卓越。

管理者能精彩，员工就能出彩

企业的软实力取决于管理者和员工的精神面貌。管理者只能鼓劲不能泄气，只能承担不能推责，既要自己过得精彩，也要帮助员工出彩。人人都愿意与特别优秀、干得好的人交流，没有人愿意跟着窝窝囊囊的领导工作。管理者要对员工负责，让他们感觉到在企业有前景、有奔头，即使拿的钱不多，但心情愉快，能体现价值。要让员工在企业工作舒心，感到有舞动人生的机会，有梦想成真的机会，有与企业和老板共成长的机会。不能因为管理者的无能，浪费了员工的青春，伤了他们的心。

能力决定成败

总体来说，各单位领导班子驾驭全局、引领发展的能力还不够强，精业务、懂经营、会管理的复合型人才还比较少。面对出版产业迅猛发展、出版格局将发生深刻变化的形势，各单位领导班子必须把学习放在首位，通过不断学习，更新知识，开阔眼界，创新思维，提高能力。

有本事一定要表现出来

不要以为表现才能，有点像强出头，有点摆弄卖弄，不是那么回事。全世界只要是有能力的人，一定是要表现出来的，是通过业绩、通过争第一表现出来的。我们这个行业是人在财聚，人走财散，不要以为大楼多么高档，不要以为家底多么深厚，没有人才，大楼也会是别人的；有了人才，没有钱又有什么关系，我们可以一分一分挣。只要有人在，不怕没钱挣。

遛两圈给伯乐看看

俗话说的好，是骡是马，遛两圈看看。伯乐相马，也要让这个"马"跑一跑，即便是匹良马，关在马厩里，伯乐也发现不了，他也不能跑到马厩里一个一个地去找。所以，人才要善于展示自己。集团就是要给大家提供展示的平台，提供更多的机会。

勇于展示自我

对一位新员工来说，对一位年轻人来说，最大的幸福莫过于有展示自我的机会，而善于掌握机会、充分展示风采、抒发情怀抱负，就能使机会转化为成功。每一个人都有年轻的时光，都有梦想的时刻，都有展现才华和能力的机会。要勇于抒发自己的情怀，袒露自己的愿望，描述自己的理想，表达对事业和工作的执着与热爱，而且为之积极奋斗。我始终坚信，大家"只要想干事，就能干成事"。不管有什么样的疑虑、有什么样的担忧、有什么样的想法，只要有理想抱负，坚定不移干实事，就会有前途！

给一个点要会画一个圈

一是思维活跃。就是能勤于思考，能够自我折腾，善于举一反三。譬如现在困扰大家的发行问题，销售如何做大，就值得好好去研究、去琢磨、去借鉴、去发挥。思想活跃的人，就会善于利用别人的资源。当今社会，不见得非要拥有资源，重要的是要善于利用资源，在合作中互利双赢。善于利用资源，也是人才的重要素质。思维活跃的人，给他一个点，他就画一个圈；给点阳光，他就灿烂，这才叫本事。给你一个圈才画一个点，给你阳光，你还晒不到，是不可取的。

企业不需要评头论足、指手画脚的人

学习是为了干事，学了要有行动。我们要求大家能够志同道合。我们不要整天讨论，只需要抓紧去干。现在事业发展很快，我们等不起，耗不起，没有时间讨论，没有时间等待认识和知识完全统一。干事都有共同准则与目标，沟通容易达成一致。认准了一件事，不能讨论来讨论去，你懂就去执行，不懂就边上站着，继续学习，让懂的人来干。不懂就不能承担责任，也干不好事。我们有时候开会讨论，很希望一些同志能发言。但是你不懂，就不敢支持什么，也不敢反对什么，不知道这样做的原因，也不知道这样做会有什么样的结果。企业不需要评头论足、指手画脚的人，我们要的是参与者、合作者、志同道合的人，能够产生好的策划，能够执行公司的战略。

人才要融入团队

要培养一个团队，选中的人才第一要融入我们的团队。尽管这个人才有天分，可能把企业带到天上去，但这个人才必须符合我们的团队，必须热爱我们的企业，不能趾高气扬，不能居高临下。学会先容人才能被人容。当一个领导，首先要被人容。我来集团的时候，我就想我要先容集团的人，容他们的优点和缺点，然后他们才能容我，融进去了才能发展。所以，我们现在招聘的人才必须是一个能容人的人。

不要把自己看得太重

不要以为自己是什么,而要知道自己干什么、怎么干。要正确认识自己,正确对待学习,不要把自己看得太重,不能因为曾经学过相关知识就不把培训放在心上。时代变了,岗位变了,要求也不同了。一切都要从头开始、从零开始,老老实实听课,踏踏实实学习。一定要清楚自己在企业的定位、企业在行业中的定位;一定要思考自己学习什么、投入什么、产出什么;一定要回答为什么要干、干什么、怎么干。

让人放心,让人满意

要把让领导放心、让同事满意辩证统一起来,争取成为卓越的、出类拔萃的员工。要卓越便需要付出数倍的努力,努力做到对自己负责、对岗位负责、对事业负责、对社会负责。要增强对事业的激情、对工作的热情,做到"态度不浮躁,工作不懈怠",争取成为企业的优秀员工。

不要用那些"顺毛鸡"的人。对他口味、顺着他,就好好干,不对他的口味,就要哄着干,这样的人难成事。不要培养那些专做事给领导看的人,要去发现埋头做事、不声不响的人,要发现幕后英雄,发现数年如一日、潜心做事的人。

人人都希望有一个很好的合作伙伴

一个成功人士,没有不经历磨难的,没有不忍辱负重的。碰到困难,百折不挠;被人委屈,能够忍受的人,是人人都希望的很好的合作伙伴。所谓合作伙伴,就是你的意见他能倾听;你碰到挫折时,他不幸灾乐祸;你有成绩时,他给你捧场;你做事的时候,他帮你做铺垫;你上山的时候,他拉你一把;你下山的时候,他扶你一把。这就是好拍档。你要求别人做到这一点,别人也想要求你做到这一点，这对每个人都很重要。为什么人苦恼的时候总想找个人喝杯茶、喝点酒呢？你在那诉苦，别人在陪着你痛苦；你高兴，别人就陪你兴奋。这样的人，大家都喜欢把他当朋友。我认为，朋友大家可能都有很多，但是能把同事处成朋友，能把讲原则的同事处成朋友，那是我们的最高境界。

人要学会"被"

一个人一辈子没有多少事是自己做主的，大部分是被动的，是"被"职业生涯规划，是"被"职业设计的。适应环境才能改变环境。对每一次"被选择"、"被安排"，都不能消极应付，而要积极面对。被设计的过程就是学习的过程，学懂了、学会了、学好了，就能找到感觉，增强自信，培养起兴趣，提高自己的能力；就能设计好自己的职业生涯，就化被动为主动了。

不做"公堂木偶"一样的摆设

在其位谋其政，有位当有为，这是基本的职业伦理。一些人出勤不出力、出力不出绩、谋人不谋事，遇到矛盾绕着走，什么事也干不成，什么问题都解决不了，像"公堂木偶"一样成了摆设，看似风险不沾边、问题不沾身，实则庸碌无为、失职失责。我们要求干部一要干事、二要干净，在业绩中葆有廉洁，在廉洁中取得业绩。要牢记"无功就是过，庸碌就是错"，对职务淡定、名利淡漠，对事业充满激情、干劲十足，始终保持昂扬向上的精神状态。

想到就要努力去做

好的想法提出来容易，做起来难。当然，想总比不想要好，想到去做比不做要好。青年员工思想活跃，充满激情，善于思考，敢想敢说，这些都是激发好创意、好点子的源泉，是年轻人的优势。

我们鼓励青年员工立足本职岗位，立足工作实际，运用创意来提升、创新、改变工作。青年员工要积极去争取，通过创意项目的实施，让集团为你创造环境，让公司为你提供平台，让单位为你提供机会，通过项目实施，促进个人成长成才。要在集团上下形成能想敢想、能说会说、敢做敢为的创新风气。

要做有心人

有心，才能谋划好事情，才能处理好各种事务、工作关系，才能找到、抓住、创造机会，取得成功。随着生活节奏加快、生活状况日趋复杂，人们更趋向于简单的状态。因此，做有心人，善于挖掘生活中本质、多彩的东西，从而把深奥的东西以明了、简单的方式展示出来，往往更容易出新意、吸引人，当然也更需要苦下功夫、下苦功夫。这就要求我们在日常工作中要认真对待平常事，切实做好手边事，扎扎实实做成每一件事。遇事不要先讲困难、先讲条件，而是要分析如何争取做成，要用心分析，用心计划；不要强调客观原因，而是要想方设法，积极寻求解决途径。要养成遇事讲怎么干、怎么干成、怎么干更好的作风。

要关心员工、善听意见

经营管理层要学会百分百地关心员工，给予机会，要让人讲话，要善于耐心、认真、不带框框地倾听员工意见，尤其是倾听与自己有不同意见的同事的意见。从不同意见中往往能学到真知灼见，往往能给自己一种提醒。要会听话、听懂话。不同意见讲出来了，只要不是恶意，是无私无畏的，就是真正在帮助我们。要学会尊重别人。有些同事自认抓管理有一套，忽略市场资源，清议高论，不明白企业的第一要素是市场，没有市场，管理的意义又在哪里？我们要明白：没钱穷人会死，没市场穷人、富人都会死。有些人还没解放思想，没有明白效益是厚积薄发的，人才是靠业务、靠市场才能锻炼出来的，市场效应是要靠积累的，所以我们出书、做业务只要不亏，只要有市场，就要努力去做，因为市场覆盖率可以带来更多商机，可为集团创造资源。

每个员工都是企业造血器官上的一个细胞

集团的每个单位，要不断"生花"，不断"造血"，任何一个产业或者企业，靠"输血"是不能够长远发展的，也不能够实现自我跨跃式发展。

每个员工，都应该成为企业"造血"器官上的一个细胞。大家要有信念、有意志、有激情，有和企业"共荣辱、同存亡"的决心。有激情、在状态，事业才能做好、做实，企业才能成长、发展。人生的价值是创造出来的，企业的价值也是如此。打个比方，假如我们的报纸办得很糟糕、要关门，市长觉得眼前"黑"了一块，那么，这份报纸的价值就体现出来了。

每个员工，都要做好自己的事情。例如做报纸，不是所有人都去做营销。记者、编辑，应在内容上做文章，要会利用版面资源"妙笔生花"。营销人员，应在营销上下功夫，不要认为报纸营销就是搞广告，而应是做实体、做多种开发，要有"扫楼"的精神。

每个员工，都要做市场经济的弄潮儿，不是踩着别人的步子往前走，而是站在别人的肩膀上往上爬。创新就是行动，行动就是财富。营销虽然是老故事，只要做法不一样，照样有新意。比如，做广告、搞发行要去求人，假如能策划、包装出与众不同的商品，就可以去求市场，求市场比求人容易，更有空间和主动权。

每个员工都要为企业建设添砖加瓦

我们是文化产业，是内容企业，无论是做图书还是做报纸，每个员工都要对号入座，你是在内容上做文章，还是在营销上做文章。只要每个人用心去做，企业就会大变，要么品牌变，要么效益变，总会有一个变。从集团层面，我们把每个单位的骨架搭建好了，架构都有了，剩下的就是大家要添砖加瓦，添什么砖，加什么瓦，每个员工要各显神通。你有什么办法，有什么点子？你的点子和别人有什么区别？区别就是差异，差异就是创新，品牌的打造往往就在于与别人不一样。我做我所思，把点子有效实施，也许就做成一种品牌，至少是一种品味。

每个员工都要有当"班长"的意识

要勇于担当、敢于负责，看到机会就要上，敢于站出来，做牵头人。实践告诉我们，勇于挑重担、积极努力、敢于负责任、善于负责任的人才是接班人。创业需要带头人，要有人写项目策划书，去找合作伙伴。会想的人把点子想出来，会说的人把大家鼓动起来，会干的人把财富创造出来，把钱挣到了。在企业，点子重要、会说的人重要，他们能鼓动，会带着大家一起去干。

争当领头人

工作中，要争做活动带头人或是项目进程负责人。要有良好的团队意识、团结精神，能尽快适应环境、创造环境，实现自我与环境的契合。要善于挖掘、组织、整合资源，提高多方组织协调能力，塑造优秀的人格魅力。

从思想者变成行动者

出版人口头和文字表达能力强，思想新、思维活、思路多，要从思想者变成行动者，把"想法变成做法，把创意转变成创造"。从事具体业务的工作者要争当"八级钳工"，既要有具体操作层面的建议，也要有实际动手的能力，不能"只出题目，不做作业"，要到一线基层去、到社会中去，亲力亲为，亲自动手，解决具体问题。

要学习推销员的"扫楼精神",把自己彻底推向市场,走进读者。

追求与众不同,力求完美

追求要立足实际,以自身岗位选择为条件,按照事业发展的趋向进行选择,不以现实物质为唯一标准,要更重视精神上的追求。人生规划、职业选择要有自己的标准,标准就是做一个有作为、能成事的人,追求与众不同,力求完美。只要是我的工作、我的岗位,我都要力求做的不一样,做到"同样的故事,不一样的精彩"。所有这些我做的决定以及所采取的方式,都是我学习的专业、从事过的职业决定的,而不是由现实物质条件决定的。

干什么就要钻什么

我在干外经贸时,看到什么都想想怎么能出口出去;现在干出版,看到什么都想想怎么能出版出来。这是职业本能。干什么就要钻什么,用心是做成事的根本。不专业、非专业,不要紧,只要专心、专攻,就会非常专、非常道。"心"比"业"重要。

学习是工作的需要

做出版的,既要注意品位,又要关心市场,还要有文化底蕴,这是我们要努力学习的。教育者必须先受教育,做编辑的,没读过几本原著、几部名著,没写过几篇论文,谁能放心你能编出好书。所以,集团鼓励学习。学习本领才能出好产品,好花要大家来欣赏,不要孤芳自赏。我们出版集团要做好,就要让全世界、全国人民都看到。大家一定要以争上游为荣,以在下游为耻;以好学为荣,以不学习为耻。

学习是终身的事

要想一直干好,就要终身学习。现在社会淘汰很快,大家都是大学毕业,甚至研究生毕业,可能还有点沾沾自喜。那你看看现在研究生一年招多少?知识折旧很快,你跟不上就要被淘汰。大学毕业证书只是一张进门卡,不是信用卡。不继续学习的话,大学毕业一年就等于断半条腿,两年就断了一条腿,能力就弱了。

必须不断充电，必须不断学习新的东西。有人说，市场竞争的第一理念是人才竞争。我认为，第一理念应该是观念竞争，人才也必须不断学习、更新理念。什么叫更新理念，更新理念就是让大家接受新的、与别人不一样的东西，就是别人没意识到而你意识到了的新的东西。

学习是最好的福利

加强学习是目前社会最重要的事情，不但要学业务，同时要学政治，不讲政治，不懂纪律，经营就会乱，就不能创造良好环境，也带不好队伍。学习培训是员工最大的实惠，企业给员工最大的回报就是让你学习；工作中最大的享受，就是学习。能做成多大事是能力问题，但做不做事，是不是好好做事，那是态度问题。作为集团党委成员和主要负责人，对集团最大的贡献就是把集团带成一个让别人能够尊敬、看得起的企业，带出一支素质高、业务精、做事勤的干部队伍。

不学习就会被淘汰

当今世界科学技术突飞猛进，社会发展日新月异，知识更新节奏加快，本领恐慌处处显现。可以说，不学习就不能进步，不学习就会被淘汰。不学习掌握政策，不了解新技术、新科技，不洞悉行业发展趋势，就谈不上什么解放思想，也谈不上有思路有办法，也不会有什么能力的提高。著名作家王蒙说过，一个人的实力的绝大部分来自学习，就是这个道理。所以，大家要进一步加强学习，学政策、学财务、学新技术、学电子商务，不断丰富自己的知识结构，不断提升自己的专业水平。当然学习的方式很多，要注意在工作中学习，在实践中学习，在经营一线学习。

开卷有益，读书明理

学习是提高，是进步。加强纪律学习对我们这支队伍有很强的现实意义。我们不能以工作忙、业务忙作为借口，忽视学习放松学习。开卷有益，读书明理，听多了，学长了，必有好处。如果不学习、不懂纪律、不知法，就可能不守法，进而会犯法、犯错误，走上歪路、邪路、不归路。

只争朝夕抓学习

文化企业之间的竞争，说到底是人才的竞争。长远看，青年人才的成长、竞争是尤为关键的。在知识信息日新月异的形势下，青年学习的任务更加繁重而紧迫，因为我们需要人才。大家一定要在学习上下更大的功夫，下实实在在的功夫，只争朝夕，如饥似渴，持之以恒。要立足本职岗位，潜心钻研专业知识和岗位技能。理想是要崇高的，行动是要实际的，学习是要刻苦的。要学习政策、管理、新媒体新技术、电子商务等方面知识。要自觉向实践学习，在岗位工作中受教育、求真知、得锻炼、长才干。

做文化产业要有文化情怀

做什么事都要有情怀。做文化产业，首先要有文化情怀，还要有经营能力；做任何事都产生一个影响力，才成为产业。文化要有影响，才有价值，才有传播传承。

从事文化产业的人不能自我封闭

封闭就是不学习新东西、不接受新事物，排斥自己不懂的东西，自满于现状。克服封闭，一是要以任何人为师，多听取别人的意见和建议，多虚心学习他人的长处和优势。二是要培养与人交往的能力，多主动和人交流，多提问题，对问题不依不饶、探讨透彻；放下身段任社会磨炼和摔打。三是要克服性格的封闭，要培养张扬、咄咄逼人的气势，用自信、积极、激情的一面示人。从事文化产业的人，只有不封闭，才能广交朋友，广聚资源。

自己不懂不要认为什么都办不成

现在，知识更新、技术变革、模式创新的速度都很快，我们不懂的东西很多。很多东西并不会因为你不懂，就不存在；不会因为你不会，就不可能。我们与一部分同事讨论工作，有时感觉沟通很困难。自己不懂，就认为有风险有困难。做任何事情都有风险，有困难，关键是如何解决。不懂就没有能力解决，不懂就要学。学会了，问题也就迎刃而解了。

倡导"四识、四力、四学"

百年不衰的出版企业靠企业文化。要坚持用共同价值观引领员工，用共同的发展理念凝聚人心，弘扬"有激情在状态，想干事干成事"的出版人精神，倡导"四识、四力、四学"（四识：知识、常识、见识、胆识；四力：智力、能力、耐力、魄力；四学：学人、学事、学政策、学新技术），培育卓越的企业文化。要把集团企业文化的理念具体化、有形化，增强实践性、针对性和可操作性，融入员工内心深处，融入企业经营发展全过程，用企业文化统一员工思想、丰富精神世界、凝聚奋进力量、促进事业发展。

学会独立思考

克服人云亦云，注意培养独立思考的习惯，形成自己的个性。在扎实的知识建构上，在丰富的工作积累上，在用心的行事作风上，时刻葆有新意，努力塑造个性，积极追求创意。

要学会竞争

竞争的结果就是岗位上的你不可取代，你有不可替代的素质及能力，你能创造、能竞争，想干事并能干成事。我们一直说发展，发展就是挑战自我，不满足当下，不故步自封，不断更新知识结构，只有这样才能迈向"专业有品位，社会有地位"。现在的社会竞争压力越来越大，要成为不可取代的人，就要勇于付出，就要乐于付出。考虑问题、行事要周到，平时工作要善于钻研，只有这样才能具备核心竞争力，才能成为优秀的员工。

要跟上市场变化

编辑一定要跟得上市场的变化，懂得市场，适应市场，这样才能做出符合市场需求的书，才能做出好书。要保持求知欲望，要善于钻研。遇事不要讲不行，而要想如何才能把不行的事做行。

编书要懂书，懂作者，懂读者，更要懂自己。案头做工作，思路要游四海，耳听八方，眼观六路。

出版工作者不能永远只承担案头的那部分工作

各出版单位都要设立专门营销部门，彻底改变单纯发行的观念，增强营销意识，培养营销人才。出版工作者不能永远只承担案头的那部分工作，要有全局、市场和策划意识。策划选题前就要想到潜在市场和客户，想到怎样去销售。加强与大企业、大公司和政府的合作，除B2C外，还可多走B2B和B2G路线，开发培训教材和礼品图书，满足他们的需求，创造我们的效益。

案头笔下要汇四海，没有眼界，没有经历，是难以做好的。因此，要多听、多读、多看、多交友。

编辑要注重提高内涵

内涵就是人的品质。文化是进入人心的事，做文化的人内心一定要强大、功深。

要想成为名副其实的编辑，就要在真正把握专业知识的基础上，将作者的东西融入自己的灵魂发挥出来，将蕴集的知识提升到更高层次，编辑出不同于众的好书，形成出版社的板块特色甚至是行业效应。这都需要广泛涉猎，增长知识。知识是相通的，要努力做到多方面知识的融会贯通，多钻研、勤思索。

编辑人员要提升自身素质

素质指观念很新，有动手能力，有知识运用，为人做事认真，懂事理、懂人情、懂职业操守。对于出版单位来说，最大的挑战是我们现有的工作人员，尤其是习惯于案头工作的编辑能否适应当代多元化出版的转变，真正在技术、思想准备、资源运用等方面完全进入程序化、熟练化。出版单位能否继续生存，很大一部分要取决于从事具体工作的编辑对现代文化的表现形式、传播载体、传承能力的掌握程度。所以，编辑要学习，要实现从单一向多元、从平面向立体、从案头向市场一线等技能的提高。

编辑要有创意和组织能力

创意就是要发散思维，不要模式化、简单化。作为一名编辑，一定要明白，编辑的作用和功能不是简单的案头工作，拿过来加加工就算了，而是要真正按照我们的出版意图，有我们的创意，有一定的组织能力，把东西全部吸收进去，经过消化，再重新做出来。比如说，同一个内容，怎么适合网络，怎么适合视频，怎么适合动漫，怎么适合衍生品，等等。没有哪个产业像文化产业这样，能够做到一次性投入带来多样性产出。

学习新理念和做事方式

做事先要有策划能力，才能做好事，做成事。编辑、发行人员都要有策划能力。策划本身就是学习。首先要学习做编辑、做发行的新理念，其次是学习做成事的新方法。去想去做，是集团对编辑、发行人员最基本的要求。编辑要想编好书，就要有经营新理念、策划新理念。易中天到电视上炒一炒老"三国"，就出了一本畅销的《品三国》，还有用超女的方式炒古装戏，都是在炒理念。什么时候用什么样的手段，都是要认真考虑的。做编辑的第一目标是要把书卖掉，要有变现的能力。发行人员要有经营头脑，要钻研发行方式，到底哪种方式最有效，是导购网好，是自己建立专柜好，还是成立书店好？是与柜台组打交道好，还是与批销商打交道好？对此都要学习和研究。

创新应是第一能力

创意是（出版）文化产业的核心竞争力和生存发展的基石。创新是出版人的第一能力。文化引领消费，产品市场广阔，有点子就永远会有生意，有策划就永远会有市场，有创新就永远会有品牌。做案头、搞策划的专业工作者要增强品牌意识，争做品牌出版人，创造品牌产品。要甘做冷板凳，要用做冷板凳的人，鼓励他"十年磨一剑"，深入生活、热爱事业，"接地气"、长见识，提高自身素养，提升专业水准，打牢业务基础。要认真研究市场、分析读者、联系和培养作者，力争成为作者、读者、市场都认可，过去、现在和将来都受人尊重的出版专家、名家、大家。

不能只在自己的一亩三分地自我陶醉

学习是事业进步的阶梯，是一个人的毕生追求。时代在变、市场在变、产业在变，知识更新、技术变革、模式创新的速度很快。做大做强出版，不能不关注正在飞速变化的世界，只专注于个人和专业的小圈子；不能只在自己的一亩三分地自我陶醉，搞小康式出版；不能以为自己没看过，就以为什么都不存在；不能认为自己没做过、做不好，就以为别人也做不好、不能做；不能以为别人做不好，自己也做不好。

要到新媒体新技术和市场部门摸爬滚打

要想适应立体出版，队伍很重要。我发现90%的编辑不适合做立体出版，他们从学校出来，进入出版社，就坐在办公室里编辑传统图书，对市场知之甚少。数字化出版与传统出版截然不同，前者更关注互动化、趣味化、娱乐化、时尚化、碎片化，如果不了解这些，怎么适应新的时代？因此，招聘来的青年大学生，不要直接进入编辑部门，要先在新媒体部门、市场部门摸爬滚打一阵，过个三五年再进编辑部，那时候看问题的角度就不一样了。

学习就要先学政策、学财务、学技术

就产业发展而言，当前文化人才队伍重点应该加强三个方面的学习。一是要学政策、抓信息。出版人不仅要懂出版，还要懂政策，必须了解政策鼓励什么、产业方向是什么，抓住机遇、创造机遇，寻找资源、对接资源，从出版小圈子跳出来，经营好出版资产、文化资产。二是要学财务、懂经营。出版经营一定要懂财务，要学会从财务角度分析问题、提出办法，找到出版经营的关节点。财务人员要帮领导找问题、提对策，不能把钱变成纸、把纸变成废纸。三是要学技术、抓前沿。尤其要学习新技术、新理念，不懂新技术不可能做数字出版，不懂电子商务就不可能有市场新创意，就分析不了电子商务市场。落后的知识不可能推动产业转型升级发展。

优秀的人应该既能"跨界"又能"穿越"

所谓"跨界",就是跨行业、跨专业、跨产业,既有扎实的专业知识,又有产业意识、人脉资源、经营头脑,玩得转、吃得开、干得好。所谓"穿越",就是既会分析综合,又会策划执行,善于把普通的内容做成精品,把一本书做n次,经常做、反复做、精耕细作,把事做成项目,把一个故事变成产业链,让一种投入多种产出,一次投入多次产出。

培训是提高的前提和保障

培训是加深了解、增进沟通、提高能力、促进人才进步和事业发展的重要举措。经过培训和没有经过培训,上岗水准是不一样的。经过培训的员工,对工作中的重大方向、原则和技术问题都非常清楚,在从事具体工作时知道怎么去把关。没有经过培训的员工,工作就不规范,对工作上的事,能够知道一点,但就是讲不明白,讲不透彻,所具有的那点知识形成不了力量,发挥不出作用。因此,要注重和加强培训。

培训是员工职业规划的重要方面

要坚持统一领导、分层负责,搞好培训工作。集团层面主要抓各单位中高层管理人员、优秀骨干的培训,注重经营水平和管理能力的培训。各单位要结合员工岗位实际,开展小众化培训,满足个性化需求,发挥导师"传帮带"作用,全面提高培训质量和水平。每个员工也要树立交流就是培训、岗位就是培训的理念,促进业务知识学习和岗位实践锻炼相结合。

要给平台，也要给舞台、给灯光和音响

要善于从现有人才队伍中，发掘专业精深、眼光独特、视角新颖、务实求变的专业人才，发掘市场嗅觉灵敏、脑子非常灵活、动手能力较强的经营管理人才，进行重点培养。培养人才既要给平台，也要给舞台、给灯光和音响，给政策和支持。要健全识人、选人、用人机制，盘活编辑、出版和经营管理人才资源，注重实践和实干导向，用数字和业绩说话，将员工积极性充分调动起来，走出一条充满生机活力的创新突破之路。

价值观要高度一致

集团有意志，有导向，所有人必须与其保持一致。能一致，就有舞台，不一致就培训，一致后上岗。集团的意志、导向就是"人人为公司做贡献，公司为人人谋福利"。

用企业主流价值观带好队伍

在加强业务知识学习的同时，要加强政治理论学习，加强党和国家方针政策的学习，加强党纪党规和国家法律法规的学习，用社会主流意识教育自己，用企业主流价值观带好队伍。企业和国家一样，都需要主流队伍和主流精神。企业领导班子成员、各级管理人员和广大党员的思想认识和行为表现，代表企业主流意识，体现企业主流精神。我们要严格自律，以身作则，在员工中当表率、做榜样，树立勤奋学习、诚实守信、勤勉敬业、依法经营的良好形象。

要认真学习企业的要求、规则、决定，用企业投资、财务、分配等方面的制度约束自己，打牢廉洁从业的基础。不学习这些规定，不懂得这些纪律，经营就没有章法，就会随心所欲，就不能创造良好环境，也带不好队伍。各级管理人员要清楚知道"什么能做、什么不能做"，守住底线，不踩红线。

多元化需要专业化人才经营

要广泛招揽经营人才。以图书经销的资本辐射和影响多元化经营，以多元化经营的市场份额和多元化经营的人才，来带动出版人员市场观念的转变和市场化人才的培养。这是一个互动关系，是资本与人才的互动。多元化经营转变市场观念和培养市场人才，就是要形成这样一种思路：出版主业出精品、积累资本，多元化经营创造市场，扩大销售；三年以后，全面市场化。要用好三年的过渡期，转变观念，培养人才，为多元化经营奠定基础。

多元产业是人才的蓄水池

任何产业都会面临更开放、更激烈、更多元的竞争格局，因此，产业要考虑更长远，更注重人才、资本、品牌的保障。出版业属于智力经济，人才是最重要的生产要素。集团通过建立人才基金、人才库等举措，搭建一个思想交流、碰撞、砥砺，各种信息、知识、经验共享和互动的开放性平台，集中派出学习，培养使用干部，加大融合，集聚了一大批懂经营、善管理、精策划的各类人才，提升主业造血功能，为主业的持续扩张发挥人才蓄水池的作用。

企业有平台，人才有舞台

企业有了干事、创业的平台，就等于有了山头，就能招兵买马，就能给员工提供人生出彩的机会，给干部提供舞动人生的场地。

平台就是兼并重组。收购重组一个企业，就能疏通干部流动的出口，让适合做出版的专心做出版，让不适合做出版的去搞多元经营。否则，都在一个单位转圈子，必将干部老化，人才流失。

平台就是数字出版。没有自己的数字出版平台，出版永远都是破碎的，永远都不会有积累。做数字出版，重点是做内容产业，不去做硬件投入，主攻内容和技术嫁接，用先进的数字技术传播我们生产的内容。

平台就是载体。以"时光流影"网站为载体，打造企业社交和泛阅读平台。要学会设置议题、引出话题，吸引各类人群来互动平台上表达、创作。日积月累，就是宝贵的资源库，卖能升值，可以发财；留能增值，可以生财。

平台是一种战略思维。从更长远的趋势看，纸质图书的空间会缩小，但阅读是无限的，改变的只是阅读的载体和方式。随着人口的增长、知识层次的提高，阅读会越来越多。要大力发展增值阅读、互动阅读、三屏合一、儿童阅读、数字校园、数字图书馆。

要有人才储备

企业要发展，要上规模，要出精品，没有足够的人才，就只能纸上谈兵。一个单位，如果没有足够地使用人才、足够地储备人才和足够地培养人才这三个阶段，发展肯定不会长远。现在正在使用的人才，有知识老化、精力不济问题，需要我们有足够的人才储备，源源不断地输送上来。有的人，可能现在还不是人才，只要他有这个潜力，就要去培养他，给他机会，给他锻炼，给他学习，把他培养成人才。一时还用不上的人才，就储备起来。三五年后，当干部需要调整时，当企业需要更大发展时，就会有一批人才、一批团队顶上去，我们的事业才能不断发展。

既要造就名家大家，也要运作名家大家

运作能力就是资源整合开发利用能力。出版业有很多资源，但是我们开发利用不够，导致有形资源大量浪费闲置，无形资源流失日益严重。究其原因，很重要的一方面是，我们既懂文化又懂产业的人不多、运作能力不强。出版业需要造就名家大家，也需要运作名家大家的影响力，也需要给名家大家创造更大平台、更能潜心做学问的保障。

专业与多元并存，案头工作者与市场操盘手并存

文化产业人才队伍需要专业与多元并存、案头工作者与市场操盘手并存，需要培养造就更多文化名家、文化大师和经营管理大师。要认真做好全省宣传文化领域拔尖人才、青年英才的推荐选拔工作。鼓励专业案头工作者甘做冷板凳，"十年磨一剑"，会讲故事、懂策划、善编辑，能"接地气"、聚人气、出精品。引导经营管理人员增强"跨界"和"穿越"能力，既有扎实的专业知识，又有产业意识、人脉资源、经营头脑、发展实绩。切实加大青年人才培养力度，从员工进入集团那一天就抓起，选苗子、搭梯子、给舞台、给机会，加强教育、管理和服务，搞好跟踪培养。坚持把重点培养和全员培训结合起来，强化实践锻炼，注重岗位磨炼，形成人才梯队，促进人才辈出，推进跨越发展。

要培养自己的队伍

做生意、干事业，需要聚拢一批与企业保持一致、对企业充满信心、维护企业利益的人。因为只有对公司充满信心，才能实现自身发展，推动公司做大。只要追求进步，踏实肯干，多说、多做、多磨炼，个人能力会很快得到展现。每个岗位上的员工，经过历练，都要能独当一面。培养好自身，才能带动团队。培养好自己队伍，

才能用好"空降兵"，带好现有队伍，"七八条枪"才能星星之火燎原，得到更多人和枪。

培养和使用好现有人才，要为人才成长创造条件；要去发现被埋没的人才，加紧培养有成才潜力的业务骨干。机会比待遇重要，要学会多给机会，注重让他们在实际工作岗位中挑担子，受磨砺，长才干。使用中培养，使用中提高。要善于传帮带，梯队培养，选择接班人。

发展需要操盘手

现在我们缺的不是决策者，也不是谋士和专家，而是专业操盘手。只有造就一大批好的操盘手，我们的事业才会发展得更快更好。因此，大家要特别注重提高能力，多深入经营一线，多动手，多考虑解决问题的办法。

一个企业负责人对企业真正负责的地方，就在于培养这样一支操盘手队伍。这样，"将来无论谁来主阵，企业都会实现良性发展"。而如果整个出版业拥有了这样一批人才，整个行业的价值都将提升，资本扩张、产业链延伸都将是自然而然的事情，由此整个行业对社会的积极贡献也将加大。

培养国际合作意识

要通过推出去、送出去、走出去锻炼方式，培养一支专业化、高素质的国际合作队伍。注重打牢编译能力、语言能力、创新理念、经贸能力、洽谈技巧和文化涵养等业务功底，切实做到与国际化要求全面接轨。做每件事，培养每个人，都从国际市场考虑，就会逐步形成积累。有意识，才会有专门的行动、有大的成就。

造就专业化、外向型人才队伍

文化产业国际合作必须研究国际市场,把握各国经济态势、文化产业政策,更广泛、更详细、更准确地了解国际文化市场需求。要在人才、观念、产品等方面做好充分准备,增强合作执行力,其中最为关键的是专业化人才的培养。培养一批专业化外向人才,实现人才国际化和产业国际化双推进。通过推出去、送出去、走出去的锻炼方式,培养一批有很强编译能力、语言能力、创新理念、经贸能力、洽谈技巧和文化涵养等业务功底的专业化、高素质国际合作队伍,以人才国际化带动产业国际化。

培养一批"产业精英"和"蓝领精英"

以"六个一批"双百人才工程为龙头,对各类人才进行分类指导,重点培养使用。集团正从培养动手能力入手,努力培育一批政治强、业务精、作风正,具有战略思维和强辐射力、感召力的各层次领军人物,一批专业知识丰富、经济头脑灵活、善经营的复合型人才。对人才及所有员工,我们都要求要有一种品质、两种能力。一种品质就是为人正派、积极向上,两种能力即学习能力、动手能力。对各单位负责人,则强调要力争从获得岗位到赢得尊敬,以领军人才为抓手,培养一批"产业精英"和"蓝领精英"。

填平人才鸿沟

传统出版人才主要为文化人才,人才的培养、继承与积累也主要体现为文化性。在数字出版中,高新技术人才及优秀复合型人才的重要性凸显。目前传统出版的新技术人才刚刚起步,策划运营人才更加稀少,与数字出版之间的人才鸿沟不断扩大。如何吸纳高新技术人才,发挥技术人才在文化产业的主动性、主导性,形成文化产业的技术性积累与创新,形成文化人才、技术人才以及复合型人才的互动，已成为传统出版进一步发展必须突破的壁垒。

引进面向未来的人才

老化的是年龄，不适的是知识，不适的是心理。不能论资排辈，不能论年龄大小，而是看有无贡献。人才是以能力、不是以年龄说话。但时代发展快，学习要下更大功夫，否则难以跟上社会。人要有志向，有闯劲，否则也是难成事，难接班。公司要寻找的人才是面向未来的人才，而不是留恋过去的人才。创新人才引进机制，重点寻找、培养优秀职业经理人，重点引进善交流、会运作、善协调、学习能力强、动手能力强的实干人才。

大胆引进企业急需人才

要面向社会广泛招揽人才，输入新鲜血液，引入竞争机制，坚决杜绝懒人、闲人、无事生非的人。同时，建立科学的人才评价、使用、激励机制，牢固树立人才资源是第一资源的观点，给人才成长提供各种机会，形成尊重知识、尊重人才、尊重创造、人才辈出的生动局面。

新员工要准确自我定位

不论是在业余时间还是在日常工作中，都要懂得正确评价自己，看清方向，明确自己的优劣势，找出自身素养、个人能力有待提高的地方。做事要有责任心，勇于担当。工作就是责任，责任重于天。无论遇到什么问题，不桎梏于问题的表面，看透背后可能潜在的其他问题，尽心尽责在最短的时间给予最好的解决。机会是为有准备的员工准备的，要在阅历、信息、资源中寻找机会、把握机会、创造机会。凡事亲力亲为，多做少说。

新员工要快速融入

光环永远都是昨天的,每天都会翻一页,每一页都是人生,走就走好,走好,就是跟上队、别掉队、去领队。新员工进公司,最关键的是要快速融入新单位中。无论是刚走出校园的毕业生,还是有工作经验的同志,都要放下曾经的荣光,将属于昨天的那些页面翻过去,一切从零开始,一切从用心开始。我们对员工的总体要求就是八个字:好好学习,天天向上。

建立两岸文化产业人才交流培训机制

要利用市场资源,发挥两岸人才互补优势,建立两岸文化产业人才交流培训机制。联合培养出版产业高层次人才,文化新技术合作科研和开发,联合举办文化交流培训班、人才定期培训等;采用多种形式,在企业与企业之间深层次开展文化产业项目交流,加强传统出版产业在新技术、新媒体、新业态等新领域的合作,使之成为两岸交流合作的主体,增强两岸文化软实力,提升中华文化世界影响力。

建立人才柔性流动机制

设立文化产业人才库,搭建职业经理人、专业策划人、项目操盘手流动平台,在资源不能跨地区整合的情况下,推动文化产业人才和职业经理人在全国范围内交流使用、柔性流动,发挥人才的最大效应。

构建双向磨合机制

对引进的人才,集团寄予厚望,各单位领导和普通员工都有很大期望,希望引进的人才能够带来更多好的方法和招数,帮助企业迅速改变面貌。他们自身也充满实现自我价值的渴望。但是,大家进集团时间毕竟不长，对企业的了解和适应需要一个过程，发展的办法和路子也需要在实践中去寻找和发现，短期内出很大成果、有突出业绩，是不现实的。因此，各单位和引进的人才自身都要辩证看待这个问题，适当降低预期，尽快缩短磨合期。

人才工作重在有好的工作环境

好的环境就是有理解，有包容，给机会，多磨合。要努力给引进的人才提供平台，营造良好的环境，让大家能够更好地发挥聪明才智，各单位也会积极支持大家工作。或许，有的单位主要负责人对引进的人才的优点不是很了解，没有完全做到人尽其才。但是，所有的企业负责人都有一个共同之处：就是希望你能办成事。只要事情办成、工作做好，就会得到尊重、欣赏和支持。所以，大家既要适应环境，也要通过自己的积极工作来主动优化环境，与集团为大家创造环境形成良性互动。

只有好的环境才能培养人留住人

好的环境为何能留人？因为能留住心，有前景，有事干，有人认可，有价值体现。文化企业要营造实事求是、脚踏实地、和谐奋进的工作环境。各单位主要负责人要抓好班子、带好队伍，加强团队建设。要深入一线解决问题，带队跑企业跑客户，破解难题，优化员工拓展业务的外部环境。要加强对一线员工的指导，不要轻易否定他们提出的选题和项目，要心平气和地交心，耐心细致地交流。

适应环境，然后再优化和营造环境

在工作还在改进过程中，在大家的愿望还没完全实现之前，在环境没有彻底改变的情况下，不能抱怨、等待、观望，一定要改变自己、适应环境，先把事情干起来，在自己力所能及的范围内优化环境、营造环境。有些事情属于基础层面，只要个人努力一点、主动一些，就能协调好，就能解决掉。因此，必须积极工作，主动作为。"等、靠、要"会错过大好机会，有损于事业，也不利于个人成长。我们反对指手画脚、怨天尤人，反对自己出题目、别人做作业。我们希望大家都能自己发现问题，自己解决问题，至少努力出主意、想办法、提对策，去推动问题的解决。只要是个人能力范围内能够推动的事情，就抓紧去做。这样，工作才会越做越好，事业才会越做越大。

不公正的企业留不住人

优秀的企业职业经理人，要关心员工、了解员工，为员工倾诉提供沟通渠道。正确对待每个人，善于发现人才，能包容人，想方设法留住人。有一分希望，要做百分之百的努力。在竞争性企业里，如果优秀员工得不到公正对待，得不到充分理解，就会选择离开。

营造能说会说、敢作敢为的风气

倡导"公司为人人谋福利，人人为公司做贡献"，鼓励大家多说话、说真话，说有价值、有意义、建设性的话。在集团开展的新一轮"头脑风暴"中，有人提出，要给青年人成长进步搭建平台，鼓励创新、宽容失败。集团领导立即着手进行研究，决定设立500万元的创新发展基金，支持有市场前景的创业项目。这项工作马上就将布置下去，大家都可以提出申请，积极参与。要在集团内部营造一种能说会说、敢作敢为的创新创业风气，不能有想法无办法，有看法无方法，不能总是感慨，不去行动。

鼓励大家追求完美

我们集团有一句话：社会上要有地位，专业上要有品位。如何做出地位，是集团考虑的事情；如何做出品位，就是编辑发行人员需要考虑的事情。品位是靠能力创造的，是靠素质创造的，编辑发行人员必须有能够胜任自己工作的能力和素质，才谈得上创造出有品位的产品。

"翼基金"是创意和项目的"试验田"

"翼基金"侧重培育孵化青年员工的好创意、金点子。"翼基金"资助创意类项目，这些项目不一定很成熟，主要是让创意有初步的实施，让星星之火形成燎原之势。这些小资金，不是鼓励产业升级换代，不是大的产业项目投入，而是专门鼓励跟集团各种经营业态相关的新创意、新模式、新设想、新点子。资金着重用在创意孵化上，用在项目启动上。一旦形成好的商业模式，具备了产业化和经营条件，集团就要加大投入，做成规模优势。"翼基金"好比做育种工作，我们提供种子生存的土壤、空气、水分和环境，让青年员工的创意在土壤里着床，让创意生存、生根、发芽、破土而出；等创意长成一棵小树苗，具备移栽成活的条件时，就由集团和相关单位接手，投入产业化，做成大项目，甚至大产业。

通过项目资助，让青年员工提高动手能力，帮助大家"把想法变成做法，把创意转变成创造，把思想转化为行动"，这是"翼基金"成立的一个主要目的。"翼基金"就是"试验田"，用项目实施来检验创意，切实解决眼高手低的问题。要打破有想法没办法、清议高论的不良习惯。在企业，首要杜绝的就是空谈高论，我们没有时间来议论，没有时间来犹豫，商机和创意稍纵即逝，一错过就不再来，一错过就必定后悔。一旦决策定下来，就必须无条件执行。先把事情做了再说，把事情办成是唯一的标准。

引进的人才要展示个性

人才必然有个性,有历史的、时代的、专业的烙印。大家一定要展示出自己的个性,不能被湮没、被同化。集团和企业的领导要尊重人才,理解人才,包容人才的个性。但是,大家也要接受集团的共同价值观和企业文化,向集团和单位的其他员工学习,取长补短,自觉融入集体。搞企业、做工作,不是简单的非黑即白,非对即错。要加强专业沟通,提高协调水平,学会在新环境甚至是不利的环境下开展工作,学会做人的工作,学会说服主要领导人、团结带领周围一班人,一道开展工作。集团是一个大家庭,我们和大家心心相印,希望大家与企业的发展找到结合点,发挥应有作用,体现自身价值。

引进的人才要适应企业特点

文化产品难以和市场接轨,但又必须和市场接轨。文化要做精品,需要编辑投入时间和精力,潜心、安静地去做。但是,市场瞬息万变,不能等待。市场讲究效益,必须时时刻刻关注成本、支出、收益这些经营数字。引进的人才大都长期在市场化程度高的单位工作,市场意识、经营意识比较强,要适应文化企业的特点,创造性地回答和解决文化企业的内容与市场商业模式的结合问题。只要大家静下心来,勇于探索,就一定能找到结合点。

换位思考

位置决定态度。因为所在位置不一样,所以考虑问题的角度也不一样。大家要学会换位思考,多层次多角度看问题。一个不负具体责任的人可以无所顾忌地发表意见,而负实际责任的人必须瞻前顾后、多方权衡、综合考虑、慎重决策,不能讲大话,不能乱拍板。当你提出一件事情,所有人都不提反对意见,一片叫好,你反而不敢决策。一个项目仓促决策上马容易造成失误。对新业态、新事物、新问题，你心里没底，就必须反复讨论，不懂就问，不断向大家提问。对引进的人才来说，这是挑战和压力，但绝不是责难和怀疑。大家也要经常多问问自己，多问问自己为什么，多问问自己怎么办，这样就能交流到一起，找到共鸣，形成共识，最终志同道合。

努力让才华在企业找到落点

落脚点，就是想干事，有事干，干成事。引进的人才既有先进理念，也有真才实学。大家要使自己的理念和才华在企业找到落点，把好的思路、想法、建议落到实处。既要说想法、提建议，更要找解决问题的途径和方案，千万不能有想法没办法、有看法没方法。既要有具体操作层面的建议，也要有实际动手的能力。要自己出题目，自己做答案，亲自动手，真抓实干，特别是对认准了的事，要坚定信心，坚定不移地全力投入。世界上的事都是干出来的，不是说出来的。"干"，能够给未解的题目找到正确的答案。很多决策在开始的时候，只有百分之三十是正确的，但是，在干的过程中，通过努力工作、精心操作、有效运作，最终取得了成功。而有的决策开始的时候完全正确，由于执行过程中不去用心、没有尽心，结果虎头蛇尾、半途而废、不了了之，甚至造成很大损失，最后可能归结于决策失误，"好树结了歪果"。才华，可以落脚决策，也可落脚执行。

给员工更多的爱护和理解

严格要求、严格管理是对各级领导干部和员工的最大关心和爱护。爱护自己的企业、爱护自己的员工是各级领导最基本的要求，因而，对员工要多爱护和理解，不要轻易地否定一个人、怀疑一个人，不要过多地追究他以前的事，关键是看他现在表现怎样、工作怎样，是不是想干，是不是努力了。我们相信每个员工经过教育培养，都能成为人才。我经常讲，人人都是人才，人人都可以成为人才，关键在于挖掘、培养和使用。

要帮助员工设计职业生涯规划

企业为员工做培训，提供工作岗位，提供各种机会，都是在帮助员工设计职业生涯规划，在为员工做长远设计。给员工安排任务，要求员工挑重担，看上去是压力，其实都是机会。把压力当动力，越干越有劲，就能获得进步；反之，畏难偷懒，则一事无成。

所有年轻人都要树立成才意识，通过学习提高自身修养和实际业务操作能力。企业需要的是敢于担当的年轻人，所以，要认真规划自己的职业生涯，当你为企业做贡献的同时，也是自我价值的完美实现。

是金子，就要自己闪光

是金子，最终都会闪光；是金子，就要自己闪光。时间等不起，事业耗不起。我们没有太多的时间去"探矿""淘金"。我们重学识，更重表现，开会不要坐后排，发言不要往后排。只要在职场工作，就永远是"被选择""被安排"，每一次"被选择""被安排"都是展示的舞台。要珍惜每一次竞争上岗和工作表现的机会，在企业需要的时候，能顶得上，扛得住，能胜任，实现抱负。不要平时想法很多，需要时瞻前顾后、患得患失，最后就会失去机会、失去信任，就会被淘汰。

人才都有事业情怀

怎样才能吸引人才呢？人才是特别有事业情怀的，不仅是钱的问题，而是干事的问题。加大投入，提高技术，综合运营，才能建成企业运作平台。有平台才有事做，有大事做，有难事做，才会吸引到高层次、复合型人才。那么吸引人才，不仅要给平台，更要给舞台，给声光电，给充电、放电的机会。

说说有激情在状态

没有激情即没有生命力，没有动力；只有激情，没有行动，就是不在状态。什么叫在状态，就是激情燃烧、热血沸腾，就是积极、坚持、智慧、努力，干一事认真一事，干一事成一事，不浪费精力与时间。

勤奋、苦干、多干是成长进步的前提

我们每个人都要懂得正确评价自己。找不准位置，看不清方向，过高地估价自己，心理素质不过硬，都会成为个人发展的绊脚石。优秀员工的成长，勤奋、苦干、多干是前提，工作从不讲代价，具有高效团队精神，服从团队的最终利益，为团队的胜利发挥自己的力量，埋头苦干，默默奉献，在人们心中就会有丰碑。而劣质的员工，只要干事就讲条件、要待遇，干一分、吹十分、要百分，总是抱怨，令人厌弃。这种人不可靠，不能用，要用心帮助他改进、提高。

业绩是检验能力和水平的唯一标准

我们开会从来少谈成绩，只谈问题。工作做得好，财务报表显示得很清楚，不需要讲；工作做得不好，讲又有什么用。报表放在那儿，报表很残酷，也很温暖，是晴雨表。眼里有报表，心里要有数。业绩是检验能力和水平的唯一标准。我们不听任何解释，只看财务报表。问题要自己找，自己不找，别人不帮你找，就是有人想帮你找，也是雾里看花，看不仔细。自己找问题，自己去克服，这样，企业才能发展进步。

一切必须靠业绩说话

业绩不见得就是挣多少钱，而是做多少事，做成多少事，做了多少有意义的事。不管什么学历资历、职称职务、来头背景，都只能是仅供参考，只能说明你的过去，不能说明你的现在，更不能说明你的未来。谁把企业搞垮了，谁先下岗；谁把企业搞亏了，谁想办法再扭转过来。集团不会拿钱来补贴亏损企业，不行就关、停、并、转，按市场经济规则办事。

能干就是导向

没有一个领导不想用能干的人。要大力培养表现好、贡献大、人品优的员工，选拔使用爱岗敬业、善于创新、能够吃苦的员工，鼓励青年人才在一线岗位、艰苦环境、急难险重任务面前磨炼成长，不去过多考虑学历、资历、年龄的限制。企业发现和培养一个人不容易，要正确看待他们的错误和失误，多宽容、多教育、多帮助。对录用新员工，要严格条件，考试竞争，择优录用。严禁企业负责人在集团内部横向解决子女就业问题，严防裙带关系，避免"近亲繁殖""武大郎开店"。

干成事才优秀

想干事是开头，干成事是结果。政府公务员和企业业务员最大的差别在于：公务员认真干事就是称职，业务员干成事才算称职。在企业里干不成事，就是花公司的钱，花别人挣的钱，讲重了是损害集体，讲轻点是无能。我们企业张贴悬挂了很多激励人的标语，虽然一开始不一定都能接受，但潜移默化，慢慢就成为一种导向和惯性，成为企业文化的重要组成部分。

干部都要是干出来的

要把那些政治上靠得住、工作上有本事、作风上过得硬的干部选拔上来。我们要选政绩突出、廉洁勤政的干部，选那些肯干事、能干事、干成事的干部，选那些有激情、在状态的干部。把广大干部的精力集中到不断提高自身素质、增强工作本领上来，集中到干事创业、促进发展上来。希望大家要以高度的党性原则、高度的责任心、高度的大局意识，正确对待班子的配备和社长、总编的选拔。在选拔工作中，集团始终坚持正确的用人导向。干部都是干出来的，是靠素质和才干干出来的，是按照严格的程序，并听取各方面的意见来确定的，并不是干部自己跑出来的、说出来的。空议清谈、侃天说地是成不了干部的，既要有"嘴功"，也要有"脑功"和"腿功"，才有可能成为干部。

优秀的人从来都是实干家

企业经营尤其要防止眼高手低、人云亦云、清议高论，不要做空谈家、空想家，不能"有想法没办法""有看法没方法"。要改变"有人力没有人才、有梯子没有梯队、有理论没有理念"的现象，让人人都能挑大梁，关键时刻能顶得上，培育人才梯队，形成人才辈出的局面。

没本事就不要谈条件

有了能力才能做贡献，有了贡献才有资格讲待遇、讲条件。现在公司全面签订劳动合同，没有能力的，肯定希望终身制，怀念事业单位，惧怕越来越深、越来越具体的企业管理；有能力的，你要跟他签 5 年都难，他会提出一些条件跟你谈，要求在 5 年间给他机会，给他待遇。敢要条件就肯定有要条件的本事，没本事就不要谈条件。集团争取的就是这样的人，敢和我叫板，敢对我说只签 3 年合同，我就喜欢你，我就和你签 3 年，但我会尽力让你永远签下去的。

抱怨和牢骚是于事无补的

抱怨只说明自己不明白，牢骚只能说明你无能、无奈。不要不负责任地乱发议论，发牢骚改变不了什么，与其发牢骚，不如反思怎么把工作做好。有时间发牢骚，不如讲怎么办。企业必须快速发展，但要防范意外和风险，也不能因为担心意外和风险而放弃发展。任何事物的发展都有其整体规律性。我们要把握事物发展的规律性，明白其中的道理。只有不明白的人才会抱怨。学习就能明白道理，就能产生核心竞争力，讲到底这也是企业文化。现在很多企业急功近利，只注意当前的效益，不重视远景规划和人才培养，以致后继无人，影响企业长远发展。我们要通过静下心来学习，思考一些问题，减少急功近利、急躁抱怨的情绪，然后全身心投入工作。

既能靠得住，又确实有本事

我们的用人标准，是在政治上要廉洁自律，在业务上要是行家里手，在能力上要比较出众，干得多、干得好，工作出彩，创造精彩，成为工作标兵。困难是无能者的借口，成功是奋进者的奖杯。要不为困难找借口，只为成功想办法。要向能力棒的学，跟实力强的比，跟发展快的赛。我的岗位我负责，我的岗位请放心。

创造更多岗位，为员工成长提供空间

让更多青年人看到希望，向事业和组织靠拢，积极进取，追求进步。既要给人才提供平台，更要提供舞台。平台就是一块水泥地，舞台需要灯光、音响等，给每个人分配适当角色，让大家竞展才华，尽显风流。

站出来，就有机会

站出来，就有机会；站出来，就能挑重担；跑起来，就有目标；干起来，就有收获。梦想，促你努力；老是做梦，就是毁己。不要机会来了，你还在做梦。不要赛马了，你还在坐着。要想被挑选，也要混个脸熟。天天没声音、没图像，靠像盲人摸象一样摸到你，机会是不多的。

竞争上岗是挖掘人才、发现人才的重要方式

交办难办的事是培养人才最好的途径。伯乐相马、选马的前提是马要跑要跳。有志者，就要站出来；站出来，就有机会。竞争上岗不存在失败，更没有淘汰。不管谁最终竞争到某个岗位，所有参加面试和报名竞争上岗的员工都应该感到骄傲和自豪，要对这次竞争上岗过程中表现优秀的员工，进一步加强培养，使之更快更好地成长。今后，要不断健全制度、创新方式，更多地采取公开竞聘的方式挑选骨干，培养人才。

打破传统用人观念

不唯学历，不唯资历，也不唯年龄，以想干事、能干事为宗旨，以品质优、善学习为条件，一方面不拘一格引进集团急需的复合型人才，产生"鲶鱼效应"，对一些传统经营观念带来冲击，产生一些新的思维和观念。另一方面大力培养使用员工，让他们在实际工作岗位上挑担子、受磨砺、长才干，做到使用中培养，使用中提高。同时，集团还建立人才培训使用计划及机制，设立人才专项基金，为人才队伍建设提供可靠的保证。

组织需要的时候要能顶得上

事业能造就人，艰苦能磨炼人。一个得过且过、四平八稳的人，不想承担压力，不想付出艰辛，是不能肩负重任的。相比之下，青年人雄心勃勃、敢闯肯干，应该是能担重任，能合作，能干成事的。集团的很多大事等待你们去干，国家的很多大事等待你们去干。年轻人在组织需要的时候，一定要能顶得上，派上用场。如果平时想法很多，遇到困难就瞻前顾后，遇到待遇就斤斤计较，必然就会失去机会、失去信任，就会被时代淘汰。无论发生多大困难，都要采取积极的态度去努力克服，而不能怨天尤人。经历就是成长，再艰

难，都要接受，再重来，就不难。

不求所有，只求所用

人才，无所不在。人才不一定非要在身边，远在天边的人才，能用其一事、一天，也是有价值的。能邀上陪你喝杯茶聊几句，也许就有收获；能听课学几句、入脑，也是人才价值；能读几本书，有感悟，也是人才作用。要知道哪些是人才，哪些是能用得到的人才。只要能策划、有选题，能够网上组稿、在线编辑的，都是可以合作的人才。只要能够合作，都是我们的人才。

用有团队精神的人

有些人个性比较强，与别人合作比较困难。能力再强，没人能容你，谁愿意给你机会？不能与团队结合，怎么领导别人？要知道没有环境就没有发挥的舞台。也有些人根本没有思想，别人怎么说就怎么干，不敢讲话，不善交流，性格沉闷，没有朋友。出版人要活跃，要出口成章，广结朋友，才能创造更多机会与资源。

对人才要宽容

有本事的人都有个性，各单位领导要理解，要宽容；人才有个性不要怕，只要他能干事、有见解，有不同意见，也是好事。年轻人要给机会、给条件，才能培养出来。在领导岗位，不仅要有本事做，而且要有本事带，有本事让人服你，有磁场吸引人在你身边努力工作。要学会包容个性、包容另类，鼓励和宽容为发展创新而犯错，因为很多时候，错误是在跳出传统思维模式基础上产生的，刻意不犯任何错误是不理智的。

用好存量人才

人才靠两个方面，一个靠空降，一个靠本土。人才存量，也要盘活。盘活了，就是优良资产，无限升值。从某种意义上说，还是"港人治港"最好，自己企业的人管自己企业最好。要利用现有的管理，输入观念，改变观念，振奋精神，团结一致。有信心就必须有热情，就必须热爱这个职业，热爱这个岗位；有热情就必须有激情，有激情必须在状态。谁主沉浮？我们自己主沉浮，我们通过自己的努力，让企业发展，在这个过程中也锻炼自己、发展自己。

优秀企业是人才成长的摇篮

优秀企业为优秀员工提供广阔平台，是人才的蓄水池、催化剂，因为优秀的企业文化促使人才积聚、成长、贡献。优秀员工之所以选择优秀企业，就在于优秀企业具有安全感、荣誉感、归宿感和成长感。安全感，就是优秀企业拥有良好的人才机制，留得住人；荣誉感，就是企业团队具有突出的魅力和凝聚力，成为企业一员就会感到骄傲和自豪；归宿感，就是那种回到家的感觉：安全、放松、关爱、认同、包容、和谐与温暖。成为优秀企业一员，被企业承认、关心、培养，与企业共同成长，心里踏实而安逸。最后就是成长感，优秀的员工在工作中，必定有目标、有追求、有竞争，团结协作，卓越做事，追求完美。

"察其能不恤其失，用其长不用其短"

人才使用和培养必须创新，必须提升到未来发展战略层面来规划、部署、落实。在坚持德才兼备原则的同时，遵循文化产业市场规律，遵循文化人才成长规律，"不唯背景、不唯学历"，"察其能不恤其失，用其长不用其短"，充分尊重特殊人才的个性，允许人才的适当流动；同时，调动各种积极因素，尽力为想干事、能干事、干得成事的各类人才提供舞台。同时，对财务、发行、编辑等岗位进行分类培训，重点培养竞争意识、创新能力，利用全国出版行业第一个拥有的博士后科研工作站和上海传媒工程研发中心，积极培育传媒领域专业人才，打造一支结构合理、素质优良、富有开拓精神和创新能力的人才队伍。

鼓励比批评更重要

我始终认为，鼓励比批评更重要。现在，我们集团不缺平台，不缺资金，不缺市场，只缺作品，只缺你们编出来的书，只需要大家拿出像样的产品来。集团鼓励大家去做，通过激励机制，启发你们的自信心，启发你们的主观能动性。我们用这种方式，鼓励大家每个月都争上游、争先进，在不同的环境让大家表现自己的才能。

"被"的时候必须干好

职业生涯中的每一步并不都是主动选择、自主设计的，"被"调整、"被"设计很多，也很重要。当一个人"被"的时候，说明他很重要。不要小看"被"。当你"被"的时候，其实是别人看中你。没有一个人会把历史永远当作辉煌来讲，每一次调整都是一次新的锻炼。你主动要求的未必适合，你主动想的未必就能干得好，"被"的时候就必须干好，反而开辟了新天地。现实表明，在企业中，逆境成才的很多，那些"被"选择、"被"调整的人，大都干出了一番事业。

鼓励人才"冒鲜"

社会发展是长江后浪推前浪，后浪要把前浪推到沙滩上，把它推灭了。人才竞争是最残酷、最现实的竞争，也是每个企业最关注的事情。谁忽略了人才引进、人才培养、人才使用，就等于自杀。所以，集团要鼓励大家争上游，鼓励大家"冒鲜"。有人开会往后坐，我就很反感，领导都看不见你，还冒什么头。人才要交流才能发现，开会往后挤，我个人认为，一种情形是我不想出头，随便找个地方，随便听，能溜就溜，能发个信息就发个信息；第二种情形是没有什么业绩，怕领导见面问他最近做得怎么样，半天回答不出来。这样的人，很难指望他有什么大作为。

给点蚊香就灿烂

要想有人才，首要是创造环境，我们正努力营造一个让人才脱颖而出、充分涌流的新天地。让人人心里无担忧，人人想干事、比干事，让员工有归属感、成长感、自豪感。使人才想来、能来，想干、能干、干得成。对能干的员工要重奖、重用。对能力不强的员工要给机会，给帮助，心贴心地带，手把手地教，从严格要求到帮助成功。对老同志、老专家，要经常咨询、请教，让老同志发挥余热，发挥特长，让他们享受改革发展成果。人们常讲"给点阳光就灿烂"，而我们的很多新老编辑说"给我点蚊香就灿烂"，这说明只要关心他们，给他们机会，他们就能够尽力创造财富。

让创意飞、让梦想飞、让行动飞

衡量一个公司好与坏的一个重要标准是"员工是否热爱公司和公司是否热爱员工"。我相信我们的员工是热爱公司的，集团和股份有限公司要做的就是体现公司如何爱员工。有人提出要给青年人进步搭建平台，鼓励创新，宽容失败，帮助青年人实施有创意、有价值、有前景的好项目，我们立即着手设立了一个青年创意扶持基金，取名"翼基金"。翼，是翅膀。"翼基金"，顾名思义，就是集团搭建一个平台，呵护和鼓励广大青年员工激发创意，实施创意，让创意飞、让梦想飞、让行动飞。集团的基本考虑就是尽最大努力、最大能力来帮助青年员工把创意变成创造，把设想变成现实，把梦想付诸行动，推动员工成长成才，实现自我价值。

发挥引进人才的"鲶鱼效应"

"鲶鱼效应"就是鲶鱼好动,能搅和,搅活一潭死水,搅活一堆昏昏欲睡的鱼,使一桶鱼更鲜活。引进的人才,只要思维方式不一样,也许都是贡献。

市场经济追求的效益有短期的和长期的,有显性的也有隐性的。市场经济本身也是一个试错的过程,没有一用就灵的招数。集团和企业的领导要胸怀宽广,不要指望引进的人才短期内能够为企业直接创造多少效益。帮助企业解放思想、更新观念,是引进的人才最重要价值之一。解决了理念问题,就能明确方向,找到办法,创造出更多更好的效益。引进来的人才要把自己的所思所想说出来,影响别人,特别是影响单位主要负责人的运营理念,引导其他人的数字出版理念。要发挥"鲶鱼效应",当你在一边不停地讲你的思想和观点,其实就是在逼着你周围的同志去学习和思考,逼着他去判断你说的是否正确,就会产生思想碰撞,结出丰硕果实。

建立健全激励、约束和保障机制

任何一个企业都有激励、约束和保障三种机制。激励机制,就是工作与绩效挂钩,鼓励大家干事。约束机制,就是员工工作行为符合一定准则。保障机制,就是提供安稳的工作条件、生活待遇、医疗和养老等社会保障。纪检工作及纪律保障、教育学习、惩防结合,既是激励,也是约束,更是对员工现在和未来的保障。

青年人才是看得见的未来和希望

人事有代谢,往来成古今。培养好、选拔好、使用好年轻干部,促进其早日成才、担当重任,是我们事业传承和产业发展的根本保证,是企业管理者义不容辞的职责。企业各单位要把培养年轻干部工作列入重要议事日程,定期研究,及时解决存在的问题。要根据实际情况制订年轻干部培养计划,认真组织实施。要落实责任制,把培养年轻干部工作作为各单位领导班子考核的一项重要内容,把这项关系大局、关系长远的战略性工作抓紧抓好。

青年人最大的愿望是成长、成才、成功

成长是自然规律,是一个人和生物体从出生到消亡的过程,这个过程对谁都一样,谁都不能拒绝。成才要学有所长、业有所精,得到单位和社会认可,这必须下一番功夫。成功是指个人为单位和社会做出了贡献,并对自己的所作所为有满意感和成就感。它既是一种主观感受,也是一种客观评价。舒舒服服成就不了事业,按部就班实现不了跨越。年轻人若想获得成功,必须付出超出常人的努力。

集团的发展离不开青年,青年的成长更离不开集团

"十二五"是集团建设大型跨国传媒文化集团的关键时期,我们迫切需要传媒出版、经贸、投资、国际合作等各方面人才。眼界决定世界,格局决定胜局。集团要继续创造良好企业文化氛围,鼓励竞

争,宽容失败,着力提升人才层次,优化人才结构,加快培养青年人才和专业技术人才,放眼各单位、海内外、行业内外,挖掘、发现、引进青年人才。大力弘扬和实践集团的企业文化,用共同价值观引领人生航向,指导成长路径,切实做到既埋头拉车、也抬头看路。青年员工只有把个人的前途与集团的事业紧密相连,并为之努力奋斗,才能取得成功。

建立一支适应产业发展需要的后备干部队伍

凡事预则立,不预则废。后备干部建设是培养选拔年轻干部的一项基础性工作,各单位要高度重视,认真遴选后备干部。特别要储备一批视野开阔、业务精湛、知识层次高、动手动力强和富有奉献精神的专门人才队伍,在关键的时候,能拿得出手、顶得上班、干得出彩。要引导后备干部比发展、比业绩、比创新,为他们提供宽广舞台,形成有为进位、无为退位的用人导向,使各类英才纷纷汇聚、各展所长。

加快对青年员工的培养

企业有成绩,靠的是信誉、实力、吃苦、拼搏。个人的思想和业绩很大程度影响企业的发展。企业要为每个人提供均等的发展机会,优胜劣汰是用人的基本准则。要加快对年轻一代的培养,年轻人也要舍得吃苦,能顶得住压力,在前辈们的指导和帮助下,找到属于自己的业务,通过一点一滴积累不断成长。

加强青年人才的业务培训和岗位锻炼

育人是用人的基础,用人是育人的目的。要充分利用国内外各种培训资源,拓展年轻干部培训教育渠道,全面提高其综合素质。加大选派年轻骨干参加国内脱产学习(包括党校学习)和境外学习培训，鼓励年轻干部结合岗位需要坚持自学和在职教育，积极为年轻干部业余进修创造条件。对表现突出的年轻干部，应优先安排学习培训、驻外选派、挂职锻炼和轮岗交流，进行重点培养。

俗话说：宝剑锋从磨砺出。要坚持把年轻干部放到有利于其成长和发挥作用的工作岗位进行培养锻炼，特别要有意识地将年轻干部放到困难大、环境苦、矛盾多的地方磨炼意志、经受考验、增长才干、提高本领，在重要岗位和关键时刻经受锻炼和考验。通过铺台阶、搭梯子，早压担子、多压担子、压重担子，帮助他们在实践中取得真知，在工作中扬长补短，力争尽快成熟、担当大任。

年轻人要有信仰

青年人普遍反映，在与上一辈人交流沟通时"有代沟"。在我看来，每个时代的年轻人都有不同的特点和生活方式，有激情岁月，也有迷茫时刻，但追求进步、追求成功与奉献的精神是不变的，努力向上、刻苦奋斗的行为是不变的。从这点上看，"代沟"是不存在的，而言及"代沟"的年轻人可能是信仰的缺失、人生价值的茫然。很多年轻人不明白人生的价值取舍点，不明白人生追求的目标，怨天尤人，拈轻怕重，满腹牢骚，整天生活在埋怨中、迷茫中、得过且过中。这样是不幸福的，也是没价值的。年轻人应该把树立正确的信仰当作人生中一件重中之重的事情来做，只有认真对待人生信仰的人，才是对社会有价值的人，才是对时代有贡献的人，也是对自己负责任的人。

年轻人要有精神追求

年轻人要有追求、不怕苦不怕累、多磨炼意志、多砥砺品质，在企业里，要追求做一名有价值的员工；在社会上，要追求做一名有贡献的公民；在职业规划中要有追求，编辑岗位的要追求成为有能力的编辑，记者岗位的要追求成为有作为的记者，管理岗位的要追求成为卓越的管理者，等等。在追求过程中要有规划，几年要达到什么目标，一年要有多少收获，包括物质和精神两个方面。广大青年要有事业心，要有没条件创造条件也要上的事业心；要有竞争意识，只有竞争才能发挥聪明才智，只有在竞争的环境中才能实现自我价值和社会价值。

优良品德的养成对人的一生至关重要

人的价值观是在青少年时期形成的，这个时期受到的教育决定将来的品德，而后来人生的几十年只是在进行修正和完善。青少年时代刻苦学习、勤奋努力、积极进取、吃苦耐劳、诚实友善，将有助于成长成功。有才无德，不能用；有德无才，可培养；德才兼备，要重用。希望集团的青年员工既重能力，也重品行，不仅业务精湛，聪明能干，而且道德高尚，品质优秀，爱党爱国，爱集团爱事业。

社会责任意味着职业道德和高尚品格

广大青年团员要有社会责任，也就是要求广大青年团员做一个有职业操守、有良好品质的人，做一个有人生追求、有高尚道德的人，做一个业务技能精湛、道德情操纯粹的人，做一个有广阔胸襟、有文化底蕴、有见识广度的人。公司未来的发展将是为国家、为社会、为企业培养人才，培养有社会公德、职业道德、家庭美德的人。公司员工要有强烈的责任心，在工作中，做到我的岗位我负责，要敢于担当，敢于负责，敢于在困难中站出来。敢于担当的人才能得到信任，敢于负责的人才能干大事。

引导年轻干部艰苦奋斗

年轻干部的优势非常明显，但也往往有吃苦奉献精神不足、群众观念比较淡薄、个人英雄主义较为突出、工作方法比较简单、克服困难的毅力欠缺等问题。要引导和鼓励年轻干部正确认识自己，正确对待同志，勇于奉献，严格自律。要克服好高骛远、浮躁气盛的心态，脚踏实地，不断修炼成才。要主动到条件艰苦、工作难度大的地方和岗位去经受锻炼，砥砺品格，发挥潜能，做出实绩。自觉增强政治意识、大局意识和责任意识，争做学习、工作、创新和奉献的表率。

多读经典书、励志书

《红岩》《焦裕禄》《钢铁是怎样炼成的》等传世经典佳作是历久弥香的精华，薪火相传的精髓，影响几代人成长的火种。要多从这类书中汲取成长所需要的养分，要多从这类书中思考人生的价值追求，寻找人生的方向，不断积累，不断丰富人生，做一名有激情、有故事、有梦想的青年团员。只有如此，人生才能不断成熟、日臻完美；只有如此，公司才能委以重任、付以重托。

珍惜当前安定和谐的发展环境

国家的稳定、社会的和谐是广大青年追求理想、追求业绩、追求自我价值实现的基础。青年人的追求标准决定了国家的未来，企业员工的追求标准决定了公司的发展。什么叫幸福？国家无战争，有饭吃，就是最大的安稳。安稳就有幸福追求，就有个人发展空间，要懂得珍惜。抓住当前最好的时光，做自己最想做的事。

不拘一格选拔青年人才

要坚持任人唯贤，反对任人唯亲；既要德才兼备，又不求全责备；既要坚持标准，又要不拘一格。树立事业兴衰在用人、选人用人失误是过错、埋没耽误人才也是过错的观念，树立领导经验来自实践、早压担子早成才的观念，树立用人要看本质、看主流、看发展的观念，消除对年轻干部不放心、不敢用的思想顾虑。要讲台阶而不拘泥台阶，论资历而不唯资历，努力发掘和使用有潜力、素质好的人才。对那些德才兼备、政绩突出、员工公认的优秀年轻干部，要敢于打破常规，大胆选拔使用，不受任职年限的限制。要把事业留人、感情留人、待遇留人统一起来，落到实处，真正做到人尽其才、才尽其用。

建立人才多出头和快速成长机制

一是建立科学的用人机制，鼓励人才多出头、早出头、早担当。通过公开竞聘、岗位交流、离岗培训等多种办法，重点培养有社会公德、职业道德、家庭美德，在政治上讲大局，工作上讲务实的人才。积极引进稀缺人才，重视培养优秀青年人才，重用中年人才，打破学历、职称、资历、年龄、身份等框框，力排非议，破格选用，让他们挑大梁、担重任。二是建立公正透明的激励机制，把岗位与薪酬、贡献与待遇挂钩。对人才要在生活上关心、政治上关怀、分配上倾斜，对做出突出贡献的人要给予重奖，为人才创造更多施展抱负、发挥聪明才智的机会。

青年要努力创造一流业绩

一流的业绩是有信仰并不懈追求的结果。广大青年要戒骄戒躁、埋头苦干，不斤斤计较、不怨天尤人，耐得住寂寞、沉得住气。是金子总会发光，有成绩总能被领导发现。广大青年要兢兢业业、埋头苦干，演绎人生的理想与故事，用一流的业绩证明自己的才华，用一流的业绩为集团交一份满意的答卷。

与其纠缠于蝇头小利，不如把精力放在工作中

工作在某种程度上也缓解了家庭矛盾，与其烦恼于家庭琐事，不如把心思放在工作当中。工作不仅可以排忧而且可以安心。工作不仅需要热情和激情，而且还因为热情和激情的投入，必然会创造一流的工作业绩，带来荣誉感和成就感，而荣誉感和成就感的体验也离不开工作的热情和激情。当两者形成了良性互动，当工作成了生活的惯性，那么成功也就近在咫尺了。一本书编好了，一篇文章写好了，会有无法比拟的兴奋感，要让这种兴奋感不断引领自己开拓争先，冲击纪录。只要踏实、努力、勤奋、好学，每一个行业都能书写传奇，每一个岗位都能创造奇迹。

经历就是成长

事业能造就人，艰苦能磨炼人。畏惧艰苦、贪图安逸，最终必然一事无成。现在集团给大家提供的工作条件比较优越，这是社会进步的要求，是集团发展的表现，但是青年员工不能生活太安逸。革命前辈、当年"上山下乡"的知识青年甘于奉献、自我牺牲，在艰苦的环境中经历风雨、经受锻炼，最终成为国家和社会的中坚力量。我们要向他们学习，无论遇到多大困难，都要采取积极的态度去努力克服，而不能怨天尤人。经历就是成长再艰难，都要接受。

做企业一定要务实

青年员工要踏踏实实做好本职工作，用数字和事实说话。只要你努力、付出、表现，就一定能被人看见。集团每天都在观察大家、培养大家，并通过不同的方式了解大家的所思所想所为。你们的每一点进步我们都看在眼里，喜在心上。市场经济规律是资源、资本、人才、技术全部往产业集中，如果不能把资源变成产业，就等于端着金饭碗在讨饭。青年员工要矢志创业，锐意创新，把集团丰富的

出版资源变成突出的产业优势，让主业更强，让产业更大。

努力做到一生无悔

我们都走过青年时代的路，很理解青年的思想、行为，为了你们更好的成长，我想请广大青年团员关注三个问题，也如同向我自己提问一样：第一，一生当中你做的事有多少令你骄傲；第二，一生当中有多少辉煌是你自己创造的；第三，一生当中有多少个梦想你还没有实现。希望广大青年能认真思考这三个问题，不断反省，不懈追求，在集团提供的广阔舞台上奋发有为、施展才华，在为集团增添光彩的过程中书写辉煌壮丽的人生篇章。

梦想
　　在前方
我们
　　在路上

Thought·Awareness

2008 年新年献辞：新年，说句心里话

说句心里话，大家辛苦了！过去的 365 天，我们一起拼搏，没有虚度一分一秒，硬是用心血与汗水推进了安徽出版集团在当代中国出版改革发展中的超常发展。说句心里话，十分感谢大家！没有大家的信任、鼓励、支持、启发，没有大家的智慧、力量、努力、奉献，就没有安徽出版集团的今天！集团因你们而精彩，集团为你们而自豪！

说句心里话，在市场竞争激烈、发展空间无限的 2007 年，我们集团各单位取得了辉煌业绩，销售收入增长 30% 以上，两个效益全面丰收，产业发展主要指标位列全国同行前列，我们值得骄傲，值得欣慰。

说句心里话，这一年的成功与发展，过去是不敢想的，现在都做成了，大家都提高了。靠的是什么？靠的是"有激情、在状态、想干事、干成事"，靠的是坚强的领导、战斗的集体、奉献的个人，靠的是必胜的信念、顽强的斗志、不懈的努力，靠的是"敢为人先"的精气神！

说句心里话，2008 年是集团发展的关键年，我们有很多美好的理想需要实现，我们有很多艰巨的工作要去努力。我们将不能停息追求发展的脚步，要把所有精力实实在在放到做大产业做强主业上，闯更广的市场，出更好的精品，育更多的人才，创更大的业绩，促更大的发展。

说句心里话，集团面临竞争和发展的压力很大，需要更大的动力、毅力，需要更苦、更实、更细、更好、更快的工作，需要每个人超常的奉献、超常的合作、超常的学习、超常的创新，特别需要大家进一步解放思想、提高能力，继续保持"有激情、在状态"昂

扬奋发的精神风貌，继续发扬想干事、干成事、干大事的斗志豪情，继续建设求真求实创新闯新和谐发展的企业文明。

　　说句心里话，集团是我们的家，要真正做到"我爱我家"。新的一年里，坚信我们集团越来越大有希望，越来越大有发展。衷心希望我们每位员工，不断闯新业务，继续刷新业绩，奋力攀登高点；衷心祝愿我们每位员工，在这温暖和谐的大家庭里，一起努力，快乐工作，快乐生活，快乐每一天！在这激情燃烧的岁月里，一起奋斗，精彩工作，精彩生活，精彩每一天！

2009年新年献辞：新年，时代告诉我们

Happy 牛 Year! 今天是新年，而今迈步从"牛"越！！祝大家新的一年有新感觉、新使命、新目标、新动作！

光阴似箭，岁月峥嵘，丰收竿头，时代又呼唤我们去努力下一个大丰收！今年会更好吗？今年要做什么？怎样做才更好？我们走进了新时代，当今时代和我们拥有的"时代出版"告诉我们——在发展中找机遇是我们新的使命。当今人人都在谈危机，我们应该看到危机就是良机。

我们安徽出版集团走过3年了，实现了整体转企、整体上市两大突破，突显了健康出生、茁壮成长、漂亮转身三大跨越。感谢大家的齐心协力，感谢大家的超常努力，感谢大家与时俱进，感谢大家卓越奉献。

时代告诉我们——

今年要有大目标、大动作。这个时代发展太快，这个时代英雄辈出。

我们要想生存就要有大发展，想大发展就要有大目标，有大目标就要有大动作。要走得比别人早，走得比别人快。这是一定要认识到的，要切实去做的，"不进则退"是永恒的。

大目标就是力争集团今年销售收入突破50个亿，"时代出版"公司力争大幅增长。围绕这个目标，要有大策划，要有大动作，要有大突破，要有大飞跃。时间不等人，岁月不饶人！

时代告诉我们——

今年要更加精心谋划，扎扎实实做事。3年来我们想了很多、议了很多，今年必须一件一件做实做好。不要讲困难，没有困难，如何显出能力和努力？没有困难，怎么会有机遇？不要空谈清议，

要敢想、敢干，要想到就能做到，要大家想、大家议、大家干。不要放过任何信息机会，不要埋没任何一个建议。要有所作为，不做无所作为的人。

时代告诉我们——

今年要更加挑战自我，积极创造条件与机会。发展即挑战自我，就要从自己身边事谈起，手边事干起；每天都要有收获，每天都要有进步，每天都要有新思路。要学习新知识，学习新事物，学习新技术，学习新观念，不能自以为是、自我放弃。

要真正提高能力，不能只会说、不会干，只会说大的、不会干实际的。干什么要懂什么、研究什么才能有思路，才能出精品。不能只有计划没有结果，不能满足现状，要去干自己以为不可能干成、而干了就会有新天地的事。干别人没想过没去干的事。任何人只要居功，只要自傲，只要满足，只要懈怠，那就只有落后，只有被淘汰。在企业中干成事的人才能生存，在社会上干成事的人才会被尊敬。干事不等于干成事，干成事才能跟上时代！

时代告诉我们——

今年必须更加吃苦耐劳、超常奉献！古时"头悬梁、锥刺股"发奋努力的典故，应激励今天的我们。当今大家无不在努力，无不在超常努力。我们要清醒认识到，只有更加超常思维、超常学习、超常谋划，才能实现超常努力，才能稳步持续发展。不要怕苦，苦中会有精神，苦中有一般人尝不到的甜，大苦中有大理想、大振奋！

时代告诉我们——

我们集团还不强，也不大；我们"时代出版"还要好好运作，扎实主业，挺拔主业；要有大投入，要有好选题，要有好作者，要有好策划，要有好资源，要有好编辑，最后才会有好产品、好市场、好数字、好势头。

让我们认真思考，努力实现这些"好"。用好每一天，做好每件事，每天不为自己虚度光阴、得过且过而后悔；我们要让党和国家信得过,要让社会信得过,要让作者、读者、合作者信得过;让我们父母妻儿信得过,让自己信得过!你有成果,你就有辉煌,你就有幸福。幸福是什么?幸福就是你终生不后悔你的每一天,就是你始终在追求突破,就是你不断在挑战自我;幸福就是紧张工作之余的小憩,朋友聚会兴奋之时的阔论,与家人同事分享自己的理想与苦乐;幸福就是天天早上想上班的激动,天天下班想回家的放松。新年,一切新,天天新;要创新,要闯新!我,及我们各级管理团队要与大家一起做到:事业每天都进步,企业每天都赚钱,员工每天都开心。

2010年新年献辞：新年，多一点理想

又是一个新年，又是一个时代，又是一个期待！

新的一年，我和大家一样，心中充满美好的回忆，充满收获的喜悦，充满奋斗的激情，充满远大的憧憬。

我们的集团走过了4年艰苦卓绝、如歌如泣的日子，有多少难以忘却的故事，有多少精雕细琢的谋划，有多少激动人心的场面，我们饱经创业、辉煌的痛苦与喜悦。

我们共同做了多少以往从未想过、开创先河的事，我们克服了多少常人难以克服的困难，显示着新时代文化出版人的创业风采。

我深深感到，我们很幸运拥有这份让人激荡魂魄的事业，拥有敬业奉献的员工，拥有文化体制改革千载难逢的机遇，拥有文化事业大繁荣、文化产业大发展的历史使命。我衷心感谢共同奋斗的管理团队，感谢和我们一起努力的全体员工。

我们无悔我们的过去，我们更豪迈地迎接未来。我充满激情地呼唤大家：新年，让我们多一点理想，多一点冲动，让集团更美好，让事业更辉煌！

新年，多一点理想——集团的理想，就是要打造大型跨国传媒企业。

我们的目标，就是把集团建设成为品牌卓著，实力雄厚，具有全球网络、全媒体互动，聚集一大批专业性、复合型人才，能够进行大规模资本、资源、资产整合运作的国际化传媒集团。为了这个目标，我们必须努力。

新年将有更多的机会、更多的挑战、更多的选择等待我们。从现在开始，我们必须积极准备，从每件实事、每个机遇谋划，抓好观念创新、内容创新、业态创新等，抓住一切可以利用的机会，多

研究政策与形势，多运作资本、资源，打造发展新平台；多运用新技术、新媒体、新渠道、新市场，在投入、产出、创新、人才、品牌、国际化上做精做细务实文章。不放弃，不盲动，争取大作为，走自己特色的发展道路，走别人没有走过的路。

新年，多一点理想——出版主业的理想，就是要打造市场认可的出版品牌。

我们的出版主业，要从每本书做起，从每个编辑做起，力争在行业上有影响力，在市场上有辐射力，在传播渠道上有创造力。

2010年，我们要创新出版产业运营模式，打造出版全媒体产业链，实现跨地区、跨媒体、跨行业发展的实质性突破。在出版资本、资源、资产上运作整合，在选题上突出专业板块特色，市场渠道上全面覆盖国内外两个市场，在载体创新上铺开新媒体出版及营销业务，在资源开发上挖掘、培育作者队伍，聚集优质出版资源，在人才建设上重点培养、吸纳优秀出版及经营人才。明年将是初步开花结果的一年，也是突破的一年，要踏踏实实走好每一步。

新年，多一点理想——各出版、经营单位的理想，就是在各专业板块上有显著增长，有显著创造力，有显著资产提升，有显著经济效益。

这就要求每个单位主要负责人及管理团队并全体员工，必须"跳起来摘桃子"，目标要大，意志要强，管理要严，工作要细。重点在创新上下功夫，从一本书、一个产品、一个机遇的策划，到各类项目及出版的立体开发，到全媒体出版、全产业链的运作。

要学会商品经营的文化方略、文化传播的商业运营；学会多元开拓、多元互补、多元聚力，用商品经营的方式经营图书，用经济及工程建设的方法经营出版，争取更大市场空间；学会由简单的数字规模向内涵效益发展，防浮躁、抓内涵，防投机、抓积累，防封闭、抓创新，提高自身素质，提高竞争力。

新年，多一点理想——员工的理想，就是成为合格、优秀、卓越的员工。

合格的员工是胜任岗位的员工，优秀的员工是委以重任的员工，卓越的员工是有创造性的员工。有理想的员工总是有责任心，讲业绩，讲贡献，勇于挑担子；有理想的员工总是只要有一分希望，就付出百倍努力，不断尝试，不断探索，直到成功；有理想的员工总是善于不断学习新知识，研究新技术，善于提高，善于创新。我们的员工要努力成为有理想的员工，成为值得信赖、引以为豪，能作为、有大作为的卓越员工。

新年，多一点理想——我们共同的理想，就是追求更美好的生活，获得更大的幸福。

幸福是创业成果的享受，是平凡工作岗位的荣誉。我们要胸怀大志，在岗位上做出不平凡的业绩，实现自己的价值，获得认可与尊敬，创造"人人为企业创效益，企业为人人谋福利"的人文氛围。要提高修养，相互尊重，在公司创造和谐的工作环境，把我们的集团变成一个和睦的大家庭，追求共同价值的实现，共同享受改革发展的丰富成果。

理想让大国崛起，理想催人奋进。理想决定态度，态度决定竞争力。

多一点理想，心有多大舞台就有多大；

多一点理想，会比别人走得更快；

多一点理想，就多一分创新的能力。

新的一年，让我们多一点激情和抱负，挑战自我；少一点得过且过，固步自封。

新的一年，让我们多一点想法和办法，挖掘潜力；少一点空谈畏难，浑浑噩噩。

新的一年，让我们多一点主动和尝试，积极动手；少一点观望与保守，安于现状。

新年，我的理想——每年都有大进步，每年都有新创举，为"美好的集团，幸福的员工"而努力工作！

2011年新年献辞：新年，静心想……

我办公室里的书橱、窗台、桌面、沙发、台几，摆满了5年来我们做的图书、杂志、报纸、电子相框、终端阅读器、上网本、数字电视、电视互联网转换器等，它们是APG（安徽出版集团）智造，述说着APG story（集团故事），彰显着APG glory（集团荣耀）。

它们都是我的宝贝，总让我想起5年走过的路程，让我回味5年遍尝的苦辣酸甜，让我珍爱今天的来之不易。

当我静心坐下来，看着它们的时候，我觉得幸福。

如果问我幸福是什么？我觉得幸福就是：有奋斗的艰辛，有收获的喜悦；有事业的追求，有生活的享受。

"绿蚁新醅酒，红泥小火炉。晚来天欲雪，能饮一杯无？"我愿在这种意境中，于新年临近时，和朋友相聚，喝一杯轻松的酒，想那些历经的事……

5年，我和大家唇齿相依，我和我们的集团紧紧连在一起！

很难忘记：集团刚组建时，困了就睡办公室、饿了就压着时间去街对面吃碗牛肉面的奔忙。

很难忘记：紧锣密鼓召开"黄山秀湖会""霍山南岳会"，组织全体管理层齐上MBA课程，带领全体员工齐看《创业》《血总是热的》等电影给头脑带来的风暴。

很难忘记：改制时，我们坚持"不产生矛盾，只产生动力"的执着，坚持"改革即转变观念，创新即挑战自我"的勇气。

很难忘记：我们倡导的"人人有激情，时时在状态""战略决定成败，产业成就主业"的共同价值观。

很难忘记：跑作者、跑编排、跑市场，每一本新书中凝结的汗水，抢资源、抢时间、抢市场，每一个项目中聚集的心力。

很难忘记：经过200个日日夜夜奋战，时代出版成功上市，成为我国出版主业整体上市第一家时的欣喜。

很难忘记：我们四家出版社在"全国百佳图书出版单位"榜上有名时的兴奋。

很难忘记：我们"走出去"在全球百余国家或地区烙下坚实脚印，我们建立的海外企业、运营的海外项目将五星红旗冉冉升起时的自豪。

很难忘记：我们创造了一系列"全国第一"和"全国唯一"时骄傲与惶然的纠结……

5年，我们走得平凡，但走得有激情。观念新了，人变了；机制活了，路宽了。从小小出版社到大大出版集团，从社会不闻知到社会有影响，从行业跟跑小兵到产业抢跑先锋。

5年真快，弹指一挥间。新年的钟声又一次敲起，5年的一幕幕又在眼前。忙碌而充实，艰辛而美好。我们歇一歇，静一静，想一想，享一享吧……

又一年辛劳的打拼和努力，我们的陋室换新居了吗？挤车改自驾了吗？

匆匆而过的岁月，书中黄金屋觅到了吗？潺潺流去的年华，荷塘月色赏着了吗？

当我们醉心于业绩的飙升，奔波在工作的前线，是否也静下过心来，陪家人逛逛商场，买买礼物？是否也松过绷紧的弦来，陪父母吃吃晚餐，聊聊闲天？

新年到了，祝福的卡片寄出了吗？准备携朋聚友到我们天鹅湖大酒店享用五星美食了吗？准备到我们新天地广场的"乐购"挑选物品了吗？准备带上家人随我们中旅一起旅游放松了吗？准备和我们《时代发现》、"感动你一生"系列或是《市场星报》来一场精神对话了吗？

这些，都想到了吗？

这些，都享到了吗？

奔忙中要不忘偷闲，拼命中要不拒享受，纷扰中要不失心静，心静后要不耽于止步。

静下心来，细细想……

5年，还是一个孩童般的岁龄，我们成长的路还有很长很长。

我们员工的一切都在我心中，每位员工改善生活、享受生活都是我的责任，每个家庭的幸福都是我的幸福，都是集团努力的方向。

我们要更热情地工作，更体面地生活，像温总理所说的"生活得更加幸福更有尊严"。要投入更多，让员工创意天天有，才能时时展；收入年年涨，待遇年年升。要投入更多，让离退休老同志过得顺心、安心、开心；要投入更多，让我们的集团在与时俱进中能高歌猛进，在迎接挑战中能战无不胜，在激烈竞争中能润物细无声，风雨夺乾坤。

新的一年，我将会和大家一起，用滚烫的心，做滚烫的事业，开创滚烫的业绩！

在后改革时代、后上市时代、后集团化时代、后数字传媒时代，我们要力夺先机，要重挖掘、重整合、重原创，使传统产品中有新产品，新产品中有高科技产品，高科技产品中有独特产品，独特产品中有品牌产品，品牌产品中有高竞争力产品；要让资源转起来，让创意飞起来。

我们要思维跟得上时代，实力跟得上竞争，不仅要有本事，更要有品质；不仅要有实力，更要有活力。要把潜力激出来，要把才能用起来。

梦想在前方，我们在路上。

成功不是偶然，努力总有希望。

最后，以前苏联作家奥斯特洛夫斯基《钢铁是怎样炼成的》一书中主人公保尔·柯察金曾激励无数年轻人奉献青春、努力奋斗的一段话来共勉："人生最宝贵的是生命，生命每个人只有一次。人的一生应当这样度过：当回首往事的时候，他不会因为虚度年华而悔恨，也不会因为碌碌无为而羞耻。"

让这段经典话语陪伴我们向前、向前、向前！

在新的路上，让我们用心创造，讲新的story，争新的glory！

2012年新年献辞：新年，我有一个梦想……

人这一辈子，怎能没有梦想？

是梦想，让人生更有追求，让生活更有意义；是梦想，让奋斗更有滋味，让践行更有力量；是梦想，让国家美丽富强，人民幸福安康；是梦想，让我们做到了做梦都不会想的事，感受到做梦都不敢想的变化——我们的集团，因为我们的梦想，蒸蒸日上！

梦想伴随着成长，梦想成就着精彩。

成长和精彩的故事里有追梦的豪迈与坎坷；有坚守信念的执着和焦灼；有诺言兑现的喜悦和辛酸。故事里，有你，有我，这些要说与你听……

2011年，曾经的古籍出版，守正出新，综合实力一路攀升，跃居行业领先，那种欣欣向荣的活力和悦动年轻的身影，我怎能不说与你听；

成功打造"图书玩具化，玩具图书化"——让孩子的阅读更有乐趣，那种创新独特的设计和模式，我怎能不说与你听；

《保健与生活》已然成为女性身心的按摩师，《时代发现》实现了知性阅读和乐趣，让读者感知了"时代"的脉搏，收获了"发现"的魅力；《市场星报》新星闪耀，易读与悦读共融，那份赢得市场、获得青睐的收获，我怎能不说与你听；

"在线课堂"的打造和"时代e博"、3G互动阅读平台研发的启动，积极探索了传统内容与数字技术的融合，那份执着求新的创造力，我怎能不说与你听；

印刷老厂址"腾笼换鸟"开发出的文化综合体——新天地广场，凸显数字现代技术特质的"时代数码港"等，一个个文化地标建筑拔地而起，那种文化产业与众不同的非凡力量，我怎能不说与你听；

华文国际公司从零至几十亿的跃变，省医药公司从被重组到重组其他企业的新境，省中旅公司从低落发展到业绩飙升，那种从无到有、扭亏为盈的呕心沥血，我怎能不说与你听；

在俄罗斯奥廖尔州的蓝天白云下、茂密白桦林旁，每天都能看见一面迎风飘扬的五星红旗，那是我们投资的"新时代印刷公司"；在波兰华沙将有一家我们的海外出版社诞生，那份海外创业的自豪与荣耀，我怎能不说与你听；

集团的"关爱援助基金"、青年的创业"翼基金"，爆发着集体的关爱威力，那种倾心的关怀与呵护，我怎能不说与你听；

文化产业大发展的使命增强了我们的文化自信、文化自觉，那份弘扬国家民族文化的责任和担当，我怎能不说与你听。

从来没想到，今天我们的事业与世界这么近，与民族这么亲；我们与世界的对话这么频繁，践行的使命这么振奋人心。

"山，快马加鞭未下鞍。惊回首，离天三尺三。"

一切缘归梦想……

正是伴随梦想与实现梦想，我们走过了精彩的一年又一年。

新的梦想、新的信念，该开启一个怎样激荡的新未来？新年，我有一个梦想，想说与你听……

我有一个梦想：希望我们的集团成为一个马力强劲、功能齐全，无论艰难险阻都破冰挺进的科考船，始终行进在探索、创新的前列，始终以勇气和智慧彰显独有的魅力。我要做好这名船长，与大家共同驾驭，奔向远方。

我有一个梦想：希望与我荣辱与共的每一位员工，都有奋进的激情，都有愉悦的身心；有成长平台，有奋斗前景；发展环境永远公平，生活保障不断更新。"有激情，在状态"，凝成一个和谐温暖的大家庭，在这里汇聚不同的情怀，不同的风采，不同的力量。集团因员工而精彩，员工因集团而自豪。集团与每一个成员都为相携相伴的选择无怨无悔。

我有一个梦想：希望印有 APG 字样出版的图书，每一本都能成为读者的好伙伴，在世界各地，被细细品阅，真心收藏；都能启迪智慧，引领希望；读者都愿与我们一起畅想，让梦想照进现实的阳光。

我有一个梦想：希望我朝夕生活的祖国，文明程度越来越高，发展路径越来越宽，国民幸福指数越来越增长。正义、爱心、良知成为共同的信仰。世界上每个角落的居民，都认知我们中国，了解我们中华民族，分享我们的文化，合作共赢，前景光明如画。

新年，阳光灿烂，但又面临前所未有的挑战。没有一个严冬不可逾越，没有一个梦想不可实现，阳光和挑战都需要坚守信念。

我坚守我的信念。为了集团的发展，我愿意与你携手，争创业绩、力创品牌，向梦想迈进——绝不止步。

我坚守我的信念。为了员工的幸福，我愿意与你携手，坦荡无私、坚毅执着，向梦想迈进——绝不畏难。

我坚守我的信念。为了中华文化走进世界，我愿意与你携手，敢于探索、勇于开拓，向梦想迈进——绝不平庸。

我坚守我的信念。为了"小悦悦事件"不再重演，"一个人坚守一所山村学校 24 载的教师"不再孤单，我愿意与你携手，捧以真诚、献以友善，向梦想迈进——绝不食言。

I promise, we can fly!（我坚信，我们能飞越！）有梦想，遥远就不远；有情怀，未来就会来。我们的未来绝不是梦，因为有信念，你我同在！

如果你的梦想与我一样，就让我们共同抒写我们的远航，记下我们的梦想。

时钟滴答，东方破晓，旭日即将喷薄。我轻轻铺开稿纸……

2013年新年献辞：新年，心路

新年钟响，一声又一声，一更又一更。

年岁之路，一弯又一弯，一程又一程。

凭窗凝思，一条心路曲折而来，绵延远去。那是一条岁月更迭的祖国复兴之路、集团发展之路、人生奋斗之路。

说起路，总有很多感觉。思路，有新鲜感；认路，有亲切感；择路，有兴奋感；探路，有使命感；走路，有坚定感。

对于路，人们都有最基本的认知，最朴素的感情。当年，我插队边远乡村，最期盼的就是有一条小路通往公社，通往县城，哪怕只能骑自行车，只能赶牛车。那时，人们常常念叨："要致富，先修路。"路在人们心中，是那么重要，那么需要。

幸福往往就在路上。人的幸福在于选择和坚持，正如我们所说"眼光比努力重要，选择比能力重要"。思路、认路、择路、探路、走路，需要凝心聚力，需要高瞻远瞩，需要披荆斩棘，需要无怨无悔。

人生的历程、企业的发展，都要选择一条正确的路，坚定不移走下去。回首我们走过的来路，那么多曲折，那么多坎坷，那么多兴奋，那么多豪迈。我们追求的不是一时成就和荣耀，而是不断发现、不断积累的成长，不断奋斗、不断跨越的征程。

今天，我们可以自豪地说：在时代发展、文化产业开拓的大路上，始终有一杆迎风飘扬的红旗，始终有一支不畏艰险的队伍，在烈阳下，在风雪中，从不停留。

这就是我们，这就是安徽出版集团。

走什么路，就有什么目标，就决定什么命运。

多少艰辛、摔打，却让我们意志愈挫愈强；多少摸索、转折，却让我们斗志愈战愈旺！多少创新闯新，曾让我们思想解放；多少希冀执着，曾让我们振奋激昂；多少奔忙劳累，曾让我们成果辉煌。

我们从未动摇，从未骄傲，从未停滞，从未懈怠；一直奋斗，一直超越，一直裂变。转企改制，我们明白：改革就是转变观念，发展就是挑战自我。做强企业，我们选择：战略决定成败，产业成就主业。持续发展，我们推崇：文化增强软实力，文化科技融合更有爆发力。造福社会，我们坚持：打造文化精品，夯实企业基础。

辛勤耕耘，让我们拥有了许多第一；只要努力，我们还会有更多的第一、唯一。从曾经的小路上，我们走出了自己的大道；从另辟蹊径的坚持中，我们脱颖而出；从平庸的喧闹里，我们创出了自己的品牌。我们正迈向更远更深的蓝天大海，像一艘科考船，始终向前，始终探索，始终开拓。

这就是我们，这就是安徽出版集团。

有路，才有奔头；有路走，就是幸福。

路，既有道路，也有思路。思路，决定道路。

迎难登高，才能饱览无限风光；跋艰涉远，才能闯出广阔天地；走出新路，才能创造时代传奇。

只要是奋斗之路，就承载着民族、责任、荣誉，承载着中国梦。

只要是奋斗之路，就有阳光雨露、暴风骤雪，就有坦途美景、高峰沟壑。走在奋斗的路上，就是勇气，就是胜利。

我们的奋斗之路，是一条没有前车可鉴的路，一条不可平庸、不可无为的路，一条只能矢志不渝、日夜坚守的路，一条只能快马加鞭、日夜兼程的路。

这条奋斗之路，我们正走出不一样的故事，创造不一样的精彩。

这就是我们，这就是安徽出版集团。

只要我们始终坚持文化自觉和奉献，让我们的产品、我们的产业，更有责任意识、更有民生意识、更有创新意识、更有品牌意识，我们的路就更宽广。

只要我们始终以人为本，关爱员工，勤俭持企，精细管理，探索求进，善于谋划，我们的路就更宽广。

只要我们始终多一点热心，多一点信心，多一点恒心，鼓足每一丝勇气，卯足每一分力气，珍惜每一次机遇，做好每一件事情，我们的道路就更宽广。

只要我们始终不畏惧，不放弃，不懈怠，不走老路，不走歧路，不走岔路，始终有激情，始终有活力，始终有动力，我们的路就更宽广。

这就是我们，这就是安徽出版集团。

岁月依旧情依旧，山河依旧人依旧，壮志依旧梦依旧，奋斗依旧路依旧。

人总要有新寄托，新时代总会更精彩，我们的美好生活总是更值得期待。

新年，披新衣，穿新鞋，又要踏上新征程。

风过鸟欢鸣，雪后马蹄疾。

我们的心路要再起程，新年要更欢欣。我们的集团、我们的国家会更幸福、更常青，年年旧岁换新颜。

这就是我新年的心路，您觉得呢？

责任编辑:陈鹏鸣
特约编辑:王宏金　汪双琴　杜宇民
装帧设计:张亚力

图书在版编目(CIP)数据

所做非琐思——管理上的家常话/王亚非 著.-北京:人民出版社,2013.8
ISBN 978-7-01-012427-8

Ⅰ.①所… Ⅱ.①王… Ⅲ.①文化产业-管理-研究-中国 Ⅳ.①G124

中国版本图书馆 CIP 数据核字(2013)第 180468 号

所做非琐思
SUOZUO FEI SUOSI
——管理上的家常话

王亚非　著

人民出版社　出版发行
(100706　北京市东城区隆福寺街 99 号)

北京顺诚彩色印刷有限公司印刷　新华书店经销
2013 年 8 月第 1 版　2013 年 8 月北京第 1 次印刷
开本:787 毫米×1092 毫米 1/16　印张:16.75
插页:2　字数:210 千字

ISBN 978-7-01-012427-8　定价:58.00 元

邮购地址 100706　北京市东城区隆福寺街 99 号
人民东方图书销售中心　电话 (010)65250042　65289539

版权所有·侵权必究
凡购买本社图书,如有印制质量问题,我社负责调换。
服务电话:(010)65250042